BEYOND
the
BOUNDLESS
SKY
The
JOURNEY
of
MY HEART

心 的 自由
就是
海闊 天空

Sio —————著

原來你跟世界這麼近──
勇往直前的旅行者

年過 30 以後，你是否有勇氣去世界冒險一回？

環遊世界，是多少人的夢寐以求的事，「等我存到多少錢之後，就要環遊世界。」「等我 ＿＿＿ 之後」這句話，又是多少人躊躇不前的藉口，或許我們需要的不是壯遊的豪情，而是像 Sio 一個女生，不受性別、不受年齡的束縛，坦然踏出第一步的勇氣。

生活在競爭激烈的紐約裡，我很清楚在不同國家與不同文化下的困難，看見 Sio 的文字勾勒身處異地的光明與黑暗、快樂與焦慮，更能明白唯有經歷過真正的痛苦，人生才會因此而豐富。

她經歷過紐約找不到工作的失敗、墨西哥被計程車司機勒索、阿根廷被旅館酒吧經理解雇、摩洛哥被當地男人語言暴力，回到歐洲的法國又被語言學校退學的種種經驗，Sio 一再展現用樂觀的態度去克服困難的高 EQ，她說：「世界上沒有最理想的地方，只有最適合自己的生活方式。」她的活潑、真摯、勇於接受挑戰的心靈，在不同的國度裡，都留下不屈不撓的足跡與忠於自己的身影。我們選擇流浪，就是為了要找尋自己，人生裡那失落的一角。

找到自己的價值，無論你身處何處，都是海闊天空的風景。正要去找自己的人，準備好要踏上新的旅程了嗎？

【推薦序】

她已是一位牧羊人，
悠悠的帶領心中羊群移動

旅遊作家 / 藍白拖

「旅人有遊牧民族的血液，是牧羊人，也是羊」

遊牧民族的特色之一是逐水草而居，除了要居住還要工作，也要想辦法餵飽羊群，季節變換時再移動到有綠地處，防止羊群餓死。

Sio 就像一位遊牧者四處居住與工作，不同於單純觀光客的移動觀察而已，如果沒找到工作就必須終止旅行。

「沒有一種方式比工作更能深入了解一塊土地。」這些年我一直如此認為。

看到 Sio 最後寫西班牙的小島生活：

「即使我能夠理解這個國家的苦況，卻無法像他們一樣感受到絕望。我的家鄉澳門是個幾乎沒有失業率的地方，隨時都可以跑到別的地方生活，還是有千千百百條通往未來的路在前方等著。當大環境沒有辦法給我選擇的機會時，唯一的選擇就是出去闖。現在許多西班牙人也開始離鄉背井到別的國家討生活，但我知道不是每個人都可以任性地說走就走；而一旦留下來，就得接受現實，為五斗米折腰。」

即便 Sio 想到開民宿的謀生之道，但還是有了離開念頭，最終結束長達 800 天的旅程，在西班牙打包行李返家。

然而，看著 Sio 的粉絲頁動態依然四處移動著，或許這本書只是她人生旅程中的某個逗點，是開啟另一種人生機會的可能，讓她更加深愛遊牧民族式的生活型態。

她已是一位牧羊人，悠悠的帶領心中羊群移動；她也是一隻羊，緩緩的跟著自己前進。

出走的勇氣

有些人羨慕我擁有出走的勇氣，但我想告訴他們的是，如果你已經厭倦了一成不變的生活，留下來才需要最大的勇氣，因為你得面對那個不喜歡的自己。

從國外求學、工作回到澳門，轉眼已經七年了。雖然生活一直很忙亂，但不用上班也能以接案子過生活，著實令不少朋友感到羨慕。只是，這種安逸的生活常讓我隱隱感到不安。

我想起多年前看了《革命前夕的摩托車日記》電影之後對自己說的話：「有一天我要像少年切・格瓦拉一樣，無拘無束地在南美生活，並且到巴西學習葡萄牙語。」

手持葡萄牙護照的我一直認為自己有必要學好這個國家的語言。於是，我努力工作掙錢，去實現這個心願。當我終於踏出夢想的第一步時，心中並沒有想像中的興奮，因為這不是我第一次獨自遠行。年少時我遠赴英國求學，之後也以自助旅行的方式，獨自走過數十個國家。

人們常說，出走需要很大的勇氣。但對已32歲的我來說，重複一成不變的生活才需要最大的勇氣。當我手持單程機票，踏上這個沒有路線、沒有期限、沒有終點的旅程，一心只想找尋令我怦然心動的地方，在那裡重新生活。只是沒想到，這次出走竟然持續了八百多天，最終我還是沒有抵達「夢想的國度」巴西，卻意外地走過歐、美、非三大洲，展開了一段重生之旅。而當我去過的國家越多，越清楚一件事：這個世界上沒有最理想的地方，只有最適合自己的生活方式。

有人說，年輕就該做自己喜歡做的事，因為有的是青春可以揮霍。但我卻認為，年紀越大越應該做自己喜歡的事，因為剩下的時間只會越來越少。就像錢存在銀行不去花，錢就不是自己的一樣；倘若不去做自己喜歡做的事，人生也不是自己的。除了你自己，並沒有人需要

BEYOND
the
BOUNDLESS JOURNEY
SKY of
MY HEART
The
9

為你的人生負責。如果你老是做別人期待你做的事，永遠不會開心。
當你快樂了，身邊的人也才會快樂，不是嗎？

　　很多時候，你以為自己沒有選擇，不過是忘了早已有所選擇。出
走不一定是出國遠行，而是勇敢踏出自己的人生，讓你每天早上醒來
時，能夠面對真實的自己，感受真正的快樂，充滿了期待。

　　如果因為內心的恐懼，或是人們的質疑，就放棄踏上夢想的道路，
他日回首時，後悔的還是只有你自己。不是每個夢想都可以指引你找
到未來的方向，只有動身出發，才有機會抵達夢想。我相信在人生旅
途中，只要擁有一顆自由的心，就能夠看見海闊天空！

NEW

The
JOURNEY
of
MY HEART

YORK

BEYOND
the
BOUNDLESS
SKY

初嘗
美味　的
大蘋果

如果不曾　品嘗過
各種口味　的　水果
又怎知道
你緊緊咬著的這顆　大蘋果
會是
最愛？

在我的想像之中，巴西是地球上最快樂的地方。原本這趟旅行是
計畫到巴西短期居遊半年，不過因為航班限制，中間必須停留在倫敦、
巴黎、紐約或舊金山，於是我決定先橫越北美大陸，再直闖南美洲。

我從西岸的舊金山一路搭火車穿越美國中部，在半睡半醒之間到
達了東岸的芝加哥，短暫停留後，來到世界的中心——紐約。

離開芝加哥前，我在 51nyc.com 網站看到一間位於曼哈頓下東城
的單人房月租只要 400 美金，於是立刻聯絡仲介看房子。它距離 East
Broadway 地鐵站不過一分鐘路程，房東是來自中國上海的夫婦，態度
十分親切友善。雖然房間超級小，而且沒有衣櫃和冷氣，但紐約的物
價指數極高眾所周知，若住當地旅館，再低廉的八人大通鋪一晚也要
35 美金，這還需要考慮什麼呢？我毫不猶豫地租下它。

BEYOND
the
BOUNDLESS
SKY

The
JOURNEY
of
MY HEART

15

紐約之最

　　「紐約是世界上最好的地方！」幾乎每位遇到的紐約客都這麼說。紐約是一個兼容並蓄的文化大熔爐，具有高度的經濟發展和文化水平，以及自由開放的城市氣息，從各種角度來看，都是個首屈一指的大都會。

　　我和房東夫婦經常一起做飯、共進晚餐，偶爾我會陪房東太太到唐人街買一些雜貨，她總是熱心地把我介紹給認識的單身店家：「這是我們家的新房客 Sio，她來自澳門，還沒有男朋友喔！」

　　她也苦口婆心地對我說：「紐約是個好地方，如果找到男朋友就一定要留下來啊！」

　　房東先生則在一旁附和：「找不到男朋友不要緊，只要找到工作就可以！紐約可是世界上最好的地方！」

　　對我來說，到了一個新的地方，就應該在當地生活一段時間，才能深入了解它的文化和體驗風土民情。而想要以當地人的方式過生活，除了擁有一個固定的住所，朋友和工作也是必須的。

　　所謂的「朋友」，並不是在旅館裡一起狂歡作樂的玩伴，而是可以深交的夥伴。

　　在還沒有找到工作之前，我幾乎每天都會和在手機交友 APP 上認識的紐約客出遊。我和這些陌生人一起喝咖啡、吃晚飯，或在市區裡無所事事地閒逛。藉由他們的視角來窺探這個號稱「大蘋果」的花花世界。

　　他們當中有形形色色的人，包括黑人、白人、亞洲人、拉丁人，有看來十分友善的、豪爽的，也有沒禮貌的、神經質的……總之就是千奇百怪的人們。

　　我印象很深刻的是，其中一位打扮得像是從《VOGUE》雜誌走出來的韓國女生 Sung，當她跟我一起走在時尚名店林立的第五大道、經過 Louis Vuitton 的櫥窗時，興奮地趴在玻璃櫥窗前，目不轉睛地注視著裡面的包包，甚至獻上她的紅唇親吻，讚嘆著：「紐約是世界上最好的地方！我可以第一時間買到所有國際大牌最新、最潮的商品！」

　　另一位身材魁梧的巴西大哥 Miguel 熱愛美食，幾乎每餐都要品嘗不同菜色。我們相約吃飯那天，他帶我到日本城掛有傳統日式鯉魚招牌的餐館，帥氣地對我說：「紐約是世界上最好的地方！這裡有印度菜、法國菜、希臘菜、摩洛哥菜、墨西哥菜……什麼料理都有，而且十分美味！這家的拉麵是最正宗的，妳一定要吃吃看！」

　　離過幾次婚還是風姿綽約的澳洲貴婦 Suzanne，則周旋於政商名流之間，我們一起走在人潮洶湧的時代廣場，她一邊回覆手機裡應接不暇的訊息，一邊跟我說：「紐約是世界上最好的地方！原本正在追求我的那個銀行家相當不錯，他在華爾街最頂尖的投資公司上班，可是

我在蘇荷區的酒吧又認識了一個超有才華的薩克斯風樂手，他幫一流的唱片公司做音樂呢！妳說，我到底要選哪一個好呢？」

然後有一天，我和生長於布魯克林區的尼日利亞裔大男孩 Jayden 結伴出遊，他帶我走進了惡名昭彰的哈林區，品嚐非洲傳統料理，欣賞哈林博物館的藝術畫作。此外，身為嘻哈迷的他還帶我到地下酒吧看嘻哈比賽。

度過精采的一天之後，已經是夜深，他把我拉進了從不打烊的地鐵，途中又用一般紐約客的口吻跟我說，「紐約是世界上最好、最重要、最國際化的地方。」但他連自己的祖國都沒有去過，又怎能確定紐約融合的各國多元文化就是那些國家真正的文化？而不是演化出來的呢？

即使紐約這個五光十色的大都會充滿了各種新鮮有趣的事物，事實上，許多美國人根本沒有到過北美以外的國家，很難斷定哪裡才是最好的地方。在這個紐約客眼中世界上最好的地方，當然也有許多不好的地方。每個午夜當我走過骯髒的地鐵月台、穿過空洞的長廊、踏在暗黑的梯間，心中湧起了不安的感覺，腳步越來越快，心跳聲也越來越大……一路祈禱著不會突然有人撲過來討菸搶錢，能夠盡快安全地回到家。

過了好幾個星期之後，我開始對這種吃喝玩樂的交友活動感到厭倦，再也沒有力氣向陌生人道出已說過一百萬次的出走故事。然而，慶幸的是，我還是遇到三位真正的朋友，他們都是音樂人，分別在不同風格的樂隊擔任主唱、鼓手和琴手，雖然每人都身兼兩三份工作，但依然將最多時間留給自己最愛的音樂。每當我置身在他們的專輯錄音現場，或是在酒吧看著他們表演的時候，都感到非常激動；他們的音樂中洋溢真實的情感，深深地打動了我的心。

走自己的路，
看見不一樣的風景

為了找工作，每天早上我都會到樓下公園裡的圖書館使用公共電腦瀏覽一些經常不定期召募多媒體製作人的網站，像是 Mandy.com、Indeed.com，並且寄出履歷。

一開始我不問薪水、只求有工作機會就好，收到的大多是禮貌性的婉拒信，但我仍然鍥而不捨地寄出了上百封履歷表，還把我一路橫越北美、決心闖蕩世界的故事寫在前言裡，結果陸續收到幾通令人驚喜的來電。

「妳的故事很有趣！我們有個工作項目，預訂下個月開始，而這個月……」

「可是…… 我下個月就必須離開美國。」

「這樣啊……如果有需要的話，我們會再找妳…… 妳是個很勇敢的女生，祝妳好運！」

偶爾我也會成功地越過電話那端的層層關卡，獲得進一步的面談機會。

「妳的旅行太棒啦！我們正要找個攝影師合作，下個禮拜……」

「我可以用你們公司的器材嗎？」

「妳沒有嗎？！」

「因為我之後會到南美洲旅行，擔心自己沒有辦法在旅途上顧到太貴重的東西，所以沒帶出國……」

「不好意思……我們可能無法錄取妳……妳是個很勇敢的女生，不要放棄喔！」

對於不愛出國的美國人而言，我的旅遊經驗似乎是件了不起的壯舉，因此面試官往往都會稱讚我很勇敢，給予我溫暖的鼓勵。無奈的是，雖然我的經歷引起了他們的興趣，但一得知我在此地停留的時間太短、也沒有器材可使用，立刻就打了回票。

儘管求職如此困難，但我並不灰心，因為我知道，若想要在世界的中心爭取寶貴的工作機會，就必須付出比別人多十倍、二十倍的努力。

　　當我的住處終於接上網路之後，我馬上買了一台筆電，開始搜尋當地媒體製作公司的聯絡方式，並且寄出自薦郵件。倘若一天十封信沒有回音的話，我就改寄二十封，二十封不夠的話就寄三十封，不放棄任何一絲希望。

＊　＊　＊

　　那天天色湛藍如常，我懷抱著緊張又興奮的心情走在第五大道，然後踏進一幢灰白相間的高樓大廈，跟著接待小姐來到位於十七樓的辦公室。

　　一開始，那位穿著入時的美術總監似乎對我頗有興趣，她一邊欣賞我的作品，一邊跟我分享自己的故事。當年她也是一個人從美國西岸跑到東岸找工作，想要闖出一番事業，而靠著多年來辛苦打拚，終於在競爭激烈的紐約職場掙得一席之地。

　　「那妳呢？妳的人生想要怎麼過？」

　　「我要做一個 Traveling Artist，一邊到處旅行、一邊做和創意相關的工作！」

　　她皺起眉頭，「妳不想留在紐約嗎？」

　　我試圖向她解釋自己的想法，「我當然希望在這裡生活，學習這個超級大都會的創作思維。但我還是希望能夠在不同的地方工作、體驗一下當地的生活，學習它們的優點，讓自己可以不斷成長。」

　　她聽了，立刻收斂起臉上的微笑，態度也有了 180 度大轉變，「人怎麼可以一直旅行下去呢？妳不好好地待在一個地方怎能發展事業？

沒有穩定的收入又怎能支持妳持續的旅行 ?!」

　　為了捍衛自己的立場，我的反應不免激動起來，「雖然我現在還沒有答案，但我相信終有一天會找到辦法！」

　　最後她嚴厲地對我說：「不要再鬧著玩了！也不要再浪費任何人的時間！這裡不適合妳！」

　　當下我很想跟她說，即使紐約是妳眼中最好的地方，也不代表我想要永遠生活在這裡，每個人的生活方式不一樣，看待工作的角度也不同，不是人人都想過著每天朝九晚五的生活！但還沒來得及反駁，接待小姐已經把我領出房間⋯⋯

　　看到電梯門關上，我的心情頓時跌落了谷底，但是我心知肚明，那位美術總監的話不是沒有道理，令我不開心的不是她的質疑，而是我內心已開始動搖⋯⋯

　　於是我不斷地追問自己：「我真的可以一邊旅行、一邊從事和創意相關的工作嗎？我真的要這樣過一輩子嗎？我是不是太天真了⋯⋯」

　　出發之前，我懷著想要探索更廣大的世界的夢想，此時卻處處碰壁。在澳門，我的工作是橫跨平面和數位媒體的製作人；到了紐約，我的身分搖身一變成為全職旅人，而我所能掌握的，只有旅途中的每個當下。但是，既然我選擇了和多數人不同的前進方向，只能硬著頭皮，勇敢地跨出下一步。

鏡頭下
的感動時光

隨著時間一天一天地過去，我還是沒有找到心中想要的答案，只知道自己正在浪費寶貴的光陰。有一天，我下定決心不能再原地踏步，也不想再受到環境的制約，於是改變了找工作的策略，開始在 Craigslist.com 分類廣告網站刊登個人簡歷，尋找與當地創作人合作的管道。接下來，我每天都跟不同專業領域的創作人洽談，希望有機會為當地的搖滾樂團拍攝音樂影片，或是為時裝設計師做宣傳廣告。

受到幸運之神眷顧的我，最後經由一位創作圈朋友的朋友推薦，得到了參與一部獨立電影的機會，負責拍攝《$uperCapitalist》電影團隊的幕後花絮。

《$uperCapitalist》是部以金融為題材的驚悚片，也是監製夫妻檔的第一部作品，他們同是金融業出身，為了實現夢想而放棄原本的高薪，投入電影製作的行列，從企劃、集資、拍攝到上映，總共花了六年的時間才完成。在這個尋夢過程中，可能有不少人認為他們是瘋子，投以懷疑的眼光和奚落的言語，如果不是因為他們始終堅持到底，這部電影也不可能順利地拍攝完成。在紐約上映之後，緊接著又在華盛頓、舊金山、好萊塢播放，甚至進軍香港及新加坡，接下來也推出了第二部電影作品。

我的主要工作內容是拍攝電影團隊在時代廣場的宣傳造勢活動、在電影院籌備佈置、跟觀眾互動交流的畫面。每當我在攝影機的鏡頭前看著監製侃侃而談電影的拍攝心路歷程，不禁熱淚盈眶……他們義無反顧的熱情，讓我深深體會到：羅馬非一天造成的，沒有人走過的路並不代表行不通。

這個奇妙的緣分讓我如願以償在紐約做一個 Traveling Artist，也為我的旅程開啟了難忘的序幕。

CHICAGO

BEYOND
the
BOUNDLESS
SKY

The
JOURNEY
of
MY HEART

一路
想念 的人

無論 距離多遠
多久 沒見面
你 仍然
住在
我 的 心裡

我坐在四周空氣如冰箱一般冷冽的火車車廂裡，醒醒睡睡。過了幾個小時，當我緩緩地睜開眼睛，依稀看見被冰雪覆蓋的洛磯山脈，而溫暖的陽光則灑在我的臉上。

　　這班火車空盪盪的，但我發現有不少乘客是上了年紀的夫婦，他們牽著彼此的手，靜靜望著窗外。

　　或許搭乘長途火車，對於每分每秒都在拚搏的都市人來說實在太過奢侈，只有這些退休老人才揮霍得起這樣悠閒的時光。而意外的是，當我走進休息車廂時，看到一個棕髮過耳、眼珠碧藍、與我年紀相仿的白人，正專注地盯著電腦螢幕。

　　我觀察到他不時望著窗外的風景，一邊啜飲手中的咖啡，心裡忍不住揣想：這個美國大男生為什麼會花上兩三天的時間搭乘橫越北美的列車？而正當我凝視著他的同時，他突然抬起頭，禮貌地露出了微笑。我還來不及回應，他已起身離去。

　　不知為何，我很想繼續跟著他，卻只能用眼光追隨他的背影。

　　歷經了三十四個小時的長途旅程，我感到疲累不堪，一到芝加哥的背包旅館便立刻倒頭大睡。不知道睡了多久，半夢半醒之間，有人推開了房門，仔細一看，竟然是火車上的那個男生！當下震驚得躲進被窩裡，直到聽見關門聲，才衝進廁所梳洗一番。

走進大廳，正在打字的他向我點頭微笑。

「你好！我叫 Darren，妳不是火車上的那個女生嗎？」

「沒想到你還記得我！」

「當然記得！火車上沒有幾個亞洲女生！妳是來旅遊的嗎？」

「對呀，我是從三藩市來的，目的地是紐約。你呢？你也是來旅遊的嗎？」

「我來自洛杉磯，為了一個重要的會議來的。」

「那為什麼不坐飛機呢？」

「我是個程式設計師，有幾個新的工作研發項目正在進行中，如果坐火車的話，也許沿途美景可以激發我更多的靈感。」

交談之後，我發現 Darren 沒有想像中的神秘，是個十分親切的陽光男孩。很快地，我們便成了無話不談的朋友，一起走在芝加哥湛藍天空下的街頭，仰望著一座又一座高聳入雲的經典建築，而他也如數家珍地一一道出這些建築背後的故事。

我們在橋下一邊吹著風、一邊吃著披薩，他說：「我對自己的計畫很有信心，相信跟投資者開會之後就可以順利進行！」

「祝你成功！」

「那妳呢？到了紐約之後有什麼打算？」

「我打算一路向南，到達巴西。」

「我也祝妳成功！」

「可是，我還沒有什麼明確想法，我不知道自己會在紐約過著什麼樣的生活，老實說，我心裡面還是有很多問號……」

平常的我不是一個會對陌生人分享心事的人，但這天卻滔滔不絕地說著。他聽完後，拿起披薩店的傳單摺了一架紙飛機，走到橋中間，說：「如果飛機向前飛，妳就會順利到達南美；如果向左，妳會接著到歐洲；如果往右，妳就會回到亞洲。」接著，用力將紙飛機扔向天空。

看著紙飛機在空中盤旋，他突然拉起我的手向前奔跑，並高聲喊著：「千萬別回頭！」

我們一邊跑，他一邊喊：「不要回頭，繼續向前走！」

＊　＊　＊

在紐約待了整整一個月後，我還是找不到工作，心情沮喪之際，突然接到 Darren 來電，他說剛開完一個會議，想在離開之前見個面。

　　我們在人來人往的蘇荷區十字路口激動地擁抱之後，走進一間又一間酒吧，在昏暗的燈光下開懷暢飲。在閃著五顏六色燈泡的舞池，跟著人群一起扭動身軀，直到全場的人都已散去，只剩下我們兩人一臉微醺地站在舞池中央微笑對視⋯⋯ 就在這個美妙的瞬間，燈突然亮了，提醒著酒吧即將打烊。於是我們漫步到東河岸邊，欣賞著布魯克林大橋的熠熠燈火。

　　我依靠在他的肩上，閉上眼睛，想要在腦海裡永遠留存這個短暫卻珍貴的畫面。

　　「妳是不是很累了？要不要送妳回去？」

　　「你說我是不是很天真，我根本就沒有能力在紐約找到工作，自食其力過生活⋯⋯」我無助地望著他。

　　他溫柔地看著我：「妳不過是累了，只要好好休息，就有力氣重新開始。」

然後，他用地鐵圖摺了一架紙飛機，牢牢地放進我的手裡，說：「以後，這架小飛機會陪妳度過傷心失意的日子，守護著妳的夢想！」

　　離開美國之後，我來到墨西哥，以為 Darren 從此將會消失在我的世界。但是每當心中烏雲密佈、彷彿世界末日降臨的時候，我總會拿著紙飛機走上宿舍的天台，向它傾訴內心的煩憂。
　　我渴望著 Darren 會再次出現，讓我可以依靠在他的肩膀上。

　　走過中美洲的落寞，我在南美學會了享受自由自在的流浪生活。當我登上秘魯馬丘比丘時，一度想讓紙飛機翱翔於這個充滿靈氣的天空之城，只是當我站在山崖邊伸出手來，卻發現捨不得它曾經帶給我的感動，決定還是留在身邊。此後，它又陪伴我走過了世界上最高的湖泊、最大的鹽沼、最原始的雨林……不管是在玻利維亞暗藏危機的

BEYOND
the
BOUNDLESS
SKY
The
JOURNEY
of
MY HEART

33

公路，或是智利悠閒的蔚藍海岸、阿根廷失意的天台酒吧，它都一路守護著我。

當我要離開南美時發現，紙飛機一直陪伴著我走過這段人生中最傷心亦最開心的日子，而 Darren 也一直住在我的心裡。我早已把他的每一個眼神、每一句話、每一次微笑，都在心裡完好封存著。

我從來沒有這樣想念過一個人。想念到他就像是如影隨形般，跟著我一同呼吸、一起生活。

出走一年之後，重新回到熟悉的倫敦，內心充滿了迷惘：「究竟下一站要去哪裡？」

走在愛丁堡迂迴的巷弄，我努力思考著自己的未來。但身心疲憊的我實在抵不住這裡的寒風冷雨，頸肩舊疾也再次復發。

看來，又是離開的時候了。

離去前我爬上了卡爾頓之丘，站在冷風之中，那一刻我終於明白，

BEYOND
the
BOUNDLESS
SKY

The
JOURNEY
of
MY HEART

35

面對現實的時間到了，我不能繼續依賴 Darren 成為心靈寄託。我拿出已有些破爛的紙飛機，用力向天空一擲，「就讓它停留在淒美的愛丁堡吧！」

　　其實，回到歐洲之後，Darren 早已無聲無息地從我的世界消失，只是我自己也不曾察覺。但是，無論分隔多久、走得多遠，他永遠是我生命中最深刻的曾經。

　　如果有一天我們有緣再見面，我想在他轉身離開之際跟他說：「在一路向南的每一天，你一直都住在我的心裡。」

MEXICO

The
JOURNEY
of
MY HEART

BEYOND
the
BOUNDLESS
SKY

天堂 與 地獄

共存 的 國度

恐懼　往往來自
人云亦云
沒有親眼　看過
親身　經歷過
又何必　為了
不存在　的事情
擔憂

墨西哥一開始並不是我想停留的地方，但它地處中美洲，是進入南美的中繼站，因此選擇這裡做為學習西班牙語的起點。

　　在我準備前往墨西哥時，聽過周遭的人說了不少危言聳聽的話，像是「墨西哥治安很差要小心！」「墨西哥很危險的！妳不怕嗎？」「妳一個女生，還是不要去比較好！」

　　許多人都好心地提醒我墨西哥是個混亂、危險的國家。一開始我也不免有些擔心，可是從新聞媒體和網路上得知，墨西哥並不是戰亂頻仍的國家，而一般黑幫仇殺事件都是發生在美、墨邊境；至於偷搶拐騙，在世界上任何地方都有可能發生。更何況這些勸誡我的人都沒有到過墨西哥，我又怎能因為他們的話而卻步呢？

　　當我抱持著警戒心踏進墨西哥城機場時，一位美國大哥好心告訴我：「墨西哥城交通亂糟糟，到處都有小偷，請小心為上吧！」於是我小心翼翼地抱緊行李鑽進巴士，結果因為太累，不小心就跌進了夢鄉。醒來時我緊張得手心冒汗，立刻檢查身邊的行李是否還在；接著

BEYOND
the
BOUNDLESS
SKY

The
JOURNEY
of
MY HEART

39

我把眼光移向窗外，外面是一片車水馬龍的景象。

在墨西哥居住一陣子之後我才發現，一個國家混亂與否，常常是比較而來的。舉例來說，墨西哥城的交通狀況其實跟許多亞洲城市不相上下，如果你和我一樣體驗過香港地鐵有如沙丁魚罐頭般擁擠的人潮、雅加達市區的瘋狂塞車，墨西哥城混亂的交通還算在可以接受的程度。對我而言，印度首都新德里的交通才是真正的混亂，街道上不只擠滿了人和車子、動物，還會聞到濃濃咖哩味，空氣中瀰漫著灰塵……至於一個國家是否危險，不能一概而論，而是要看區域，像我在墨西哥城就讀的語言學校位於有許多歐陸建築的高級地段 Colonia Condesa，相對安全，即使晚上獨自一人行走，也不用提心吊膽。

人們對於一件事情的評價往往過於簡化，沒有深入地去了解，為什麼會發生這件事？背後是什麼因素造成的？這是意外還是常態？只是一味說服自己，不去某些地方、不做某些事情就會安全得多。這樣一來，不僅限制了生活圈，也窄化了自己的視野。

計程車綁架案

初到墨西哥時，我一句西班牙語也不會說。雖然在課堂一個月學到的東西不多，但還是可以勉強點餐、買票，簡單地介紹自己。

某天我跟同學們正在教室練習西班牙語，突然間，校長神色凝重地走進來，告訴大家一個不幸的消息：「Daniela 老師……她被綁架了！」

同學們聽了立刻驚呼：「Oh my god ！」

這時我終於意識到，墨西哥的治安情況確實很差。

所幸兩天之後，Daniela 老師被綁匪釋放了，同學們相約一起到她家慰問。打開門，看到她手裏著紗布、一臉瘀青的模樣，令人於心不忍。

我們一邊喝著仙人掌汁，一邊聽老師訴說歷劫歸來的過程。為了避免大家過於擔心，她輕描淡寫地說：「計程車綁架事件也不是什麼新聞啦，甚至警察也可能是共犯！只怪我當時太大意了，搭上無牌計程車才會被載到偏遠的地方。最慘的是，我的戶頭裡沒有什麼錢，所以必須等家人匯錢才行……不過你們別擔心，綁匪通常只綁架本地人，不太會打外來旅客的主意，所以你們不要隨便搭無牌計程車，盡量搭乘貼有司機照片和白色牌照的車。乘坐巴士及地鐵最安全，然後記得不要帶太多現金出門，就不會有太大危險啦！」

說完，她還反過來安慰大家：「我沒事了，墨西哥是一個非常美好的國家，請盡情享受待在這裡的時光吧！」

無獨有偶地，離開墨西哥前一天，我也遇上了計程車綁架案。

那天正好是墨西哥國慶日，也是新任總統宣誓就職的日子，我跟幾位同學們一起到市中心湊熱鬧。

踏出地鐵站，抬頭就看見墨西哥國旗迎風飛揚，人山人海的憲法廣場則是烏雲密佈。 從下午開始，我跟摩肩接踵的群眾們就一起在廣場上狂歡，到了晚上，累到眼睛都快要睜不開、雙腳也幾乎站不住時，終於等到總統先生出場，群眾的情緒也頓時沸騰到最高點！

可能老天也是同樣興奮，激動得下起雨來！我拖著感冒未癒的身體、站在傾盆大雨中，第一次感覺到雨點打在身上的重量！雷電交加之際，總統一聲「VIVA！（萬歲）」萬人也立刻大喊「MÉXICO！（墨西哥）」這場激勵人心的交響樂由天上的雷雨聲伴著地下的「VIVA！MÉXICO！」叫喊聲來回演奏了三次，之後就是美麗的煙火在空中綻放……

「蹦蹦蹦～」

當我還在原地呆呆地凝望著豪雨中的燦爛煙火，人潮早已向著出口處移動，我也被擁擠的人群推出了廣場，在一陣兵慌馬亂之後，我竟然和同學們走散了！

正感到手足無措時，遠遠地，突然看到一位叫 Daichi 的同學，我馬上向他飛奔而去：「見到你太好了！我差點被人群踐踏死了！真的嚇死我啦！」

「你沒事就好！再不離開的話就沒地鐵了！」我們跟著人群往地鐵站緩慢移動，渾身濕透的我，身體正不斷地顫抖……Daichi 見我快要支撐不住，便伸出手招來一輛三輪車，沒想到司機竟然趁火打劫地開出高價！

「只去地鐵站也要 300 比索！搶錢呀！」我氣憤地說。

「給他吧！妳還在發抖！」Daichi 說。

「我只有 100 比索！」

「我有 200 比索，剛好夠啦！」

到達車站後，我們終於鬆了一口氣，誰知地鐵正好關門，並且熄燈……

「天啊！沒錢怎麼回家！！」

「別急！遇到突發事情的時候就應該保持冷靜。」Daichi 臨危不亂地說。

結果他在衣服的暗格裡找到一張濕透的二十塊美金，馬上攔下一台計程車……

「這輛車是沒有牌照的！」我想起 Daniela 老師的叮嚀，立刻提醒他。

「在這個時間點，也沒有其他選擇啦！」

坐在計程車裡的我心臟蹦蹦地跳，每當車子在十字路口轉彎時，我的心又是一緊，害怕下一秒就會被司機綁架到不知名的地方，叫天天不靈、叫地地不應……但其實滂沱大雨中，根本看不清楚窗外的景象。

　　直到車子開到了宿舍的路口，我的心才終於安定下來。誰知到了家門，司機竟然直接開過去，還得意洋洋地說：「十美金，想回家就多加十美金！」

　　「好好好！可你要先送她回去拿錢！我們身上都沒錢了！」Daichi 自告奮勇地留在車裡當人質。被嚇得腿軟的我立刻飛奔上樓，幸好交付「贖金」以後，司機也乖乖放人，終於安然無恙地回到家裡。

　　「Daichi，你知不知道，我們搭乘沒有牌照的計程車，是多麼危險的事？」驚甫未定的我忍不住抱怨。

　　「可是，你知不知道，如果我們不跳進計程車，兩個個子矮小的亞洲人在天黑又下著雨的墨西哥城裡遊蕩，豈不是更危險的事情？」

　　儘管這次的計程車事件令人餘悸猶存，我認為 Daniela 老師說的話並沒有錯，只要保持警戒之心，墨西哥仍然是個教人難忘的好地方。

　　我最愛一口咬著玉米棒、一手拿著七彩果凍穿梭在琳瑯滿目的路邊攤；也喜歡鑽進熙來攘往的廣場，看一身傳統服飾裝扮的印第安人打鼓跳舞、頭插羽毛飾品的阿茲特克巫師點起煙霧施展法力、衣著復古的大叔抱著古董手風琴彈奏著輕快樂曲……一路上隨著叫賣聲、喧鬧聲，穿過荷槍實彈的武警、避過無處不在的小偷大盜，似乎各種充滿驚喜的人事物隨時等待著發生。

　　在這個色彩繽紛、洋溢熱情的歡樂國度住了一段時間，最令我感動的是，墨西哥人民對於傳統文化的熱愛及重視。在街頭，經常可以看到他們吃著道地墨西哥捲餅、聽著街頭演奏、等候巫師淨身的畫面。

　　如果世界上真有天堂和地獄同時存在的國家，我想，就是墨西哥。在這裡，處處都可能暗藏危機，但無時無刻都能感受得到人們的熱情。無論去哪裡，總有人向我伸出歡迎的臂膀，讓我在這個全然陌生的國度住得舒服又自在，甚至不曾感覺到自己是個來自異鄉的外國人。

PERU

BEYOND the BOUNDLESS SKY

真正
流浪 的
開始

如果 你 不曾離開
原來 的 世界
永遠
都不會 找到
自己真正
想走 的 路

BEYOND
the
BOUNDLESS
SKY
The
JOURNEY
of
MY HEART

49

　　來到秘魯的第一站，是庫斯科（Cuzco）這個地處三千四百公尺、早晚溫差極大的遠古名城。雖然它是個旅遊重鎮，但在這裡，說英語不再是必然，網路不再是必然，打開水龍頭就有熱水也不再是必然。

　　寒風刺骨的夜晚，我在簡陋的廉價旅館洗了一個冷熱交集的淋浴澡之後，穿上厚厚衣物、蓋上層層毛毯保暖。雖然我很想要躺在床上好好休息，無奈高山症發作，頭痛、氣喘、心跳加快，久久不能入睡。

　　從前，我一直以為流浪是世界上最浪漫的事情，彷彿所有旅人都不食人間煙火，不怕路途險惡；我經常幻想自己好像電影裡頭的主角一樣，隨意跳上陳舊車廂，瀟灑地浪跡天涯。然而到達南美洲的第一天晚上，我立刻明白這些都不過是遐想。流浪的首要條件，不是擁有足夠的金錢或時間，而是「健康的身體」，先要讓自己穿得暖、吃得飽、睡得好，才有力量擁抱世界。

　　翌日醒來之後，身體舒服多了，而且陽光普照，我馬上外出探索這個昔日的印加帝都。在古城區市中心的廣場欣賞飽經風霜的古老教堂，沿著形狀不一但又完美堆疊的印加古牆，鑽進四通八達的大街窄巷，來到掛滿新鮮豬頭、巨型麵包、古柯茶包的當地市集，尋找真實的秘魯風味。

天空之城我來了

　　前來秘魯，當然是為了一睹馬丘比丘（Machu Picchu）的遺跡。原本我打算搭 PeruRail 國營火車前往，但想要在旅途中認識更多朋友，因而選擇了較廉價的巴士團。雖然這個看似很划算的旅行團包括了兩天餐飲和一晚住宿，以及馬丘比丘門票，但其實大部分時間都是在十四人座的老舊巴士裡面度過；來回山路不但九彎十八拐，而且滿地沙石隨風揚起，讓我感到頭暈想吐，難以呼吸。到達馬丘比丘山腳下的熱水鎮（Aguas Calientes），步下車門的那一刻，我幾乎全身虛脫。

我所購買的行程包含導遊帶領上山以及進入遺址的解說服務，但除了在山腳下見過導遊一面，之後就再也沒見到他的身影，身體虛弱的我也懶得理會他不負責任的行為，自行購買登山車票上山。

　　不難想像，馬丘比丘是個超級觀光區，出入口都有長長的排隊人潮。我拿了地圖之後就跟著其他旅行團的導遊，準備一起觀賞古跡。當來自世界各地的團友開始忙著拍照時，我還是離開了觀光隊伍，一個人走在嚮往已久的天空之城。馬丘比丘最懾人的地方，就是有著雲海為鄰，山峰為伴，置身此地能夠感受得到一股與世無爭的寧靜。雖然最後體力透支未能攀上最高點，但當我走到山崖邊，眺望峭壁深峽，看著眼前震撼的絕世美景，身心的疲憊似乎也一掃而空。

＊　　＊　　＊

　　南美洲地大遼闊，但沒有廉航可選擇，旅客一般都會乘坐貫通大小城鎮的旅遊巴士。可是路上不時有綁架和搶劫事件發生，因此選擇信譽良好的巴士公司至關重要，千萬不要坐進充滿未知危險性的平價

BEYOND
the
BOUNDLESS
SKY
The
JOURNEY
of
MY HEART

53

小巴。很多時候，我都是從網路精挑細選屬意的巴士，沒有膽量隨便跳上任何來路不明的車輛。

　　離開庫斯科那天，我坐上了 要價 55 美元的豪華巴士 Incas Express 前往邊境小鎮普諾 (Puno)。雖然這個車資以當地物價來說非常昂貴，但全程有導遊帶領，並且參觀多個印加遺址、高地山景、歷史小鎮，還提供餐飲。

　　抵達普諾的旅館之後，就是前往世界上最高海拔的的喀喀湖（Lago Titicaca），參觀逐水而居的原始居民用蘆葦搭建的浮島家園，然後跟著各國背包客坐上 Tour Peru 巴士東行過境到玻利維亞的谷底城市拉巴斯（ La Paz ）。當巴士在迂迴的山路轉了又轉，我的肚子已餓得呱呱叫，於是拿起麵包充飢；半睡半醒間，我摸摸衣服暗格裡的錢、證件和手機是否還在，才安心地闔上眼休息。

　　這是我在南美的第一趟巴士之旅，我發現在南美洲的車程短則八至十個小時，長則一天、兩天，根本無法像電影主角一樣有閒情逸致望著窗外的美景感性一番。 此外到了南美，才是真正的流浪開始，我意識到自己並不喜歡穿洲過省的遊走，身體也無法承受馬不停蹄的奔波。我開始懷念在紐約及墨西哥城的居遊生活，希望盡快找到一個可以安頓下來的地方，跟當地人一樣，簡簡單單地過日子。這種普通的日常，才是我最喜愛的流浪風景。

BOLIVIA

The
JOURNEY
of
MY HEART

BEYOND
the
BOUNDLESS
SKY

穿越
天與地
的邊境

踏上這趟
天空之旅
我不再懷疑
出走的意義
夢想的可能
最重要的是
忠於自己的感覺

「司機大哥去哪裡了？」我望著車窗外一輛又一輛正準備發動的吉普車，問鄰座的團友。

「他去上廁所，但他說我們還要多等一位來自阿根廷的旅客。她不會是迷路了吧？但也不太可能，烏尤尼（Uyuni）這個小鎮就只有兩三條街……」來自加拿大的 Jacob 說。他的長相俊美，像是從日本漫畫裡走出來的男主角，然而一開口總是喋喋不休，令人難以招架。

「她來了！」來自德國的 Klaus 說，他外表冷酷，然而一見到老婆婆從遠處走來，就馬上跑到她的面前幫忙提行李。這位滿頭白髮、個子瘦小的老太太 Brenda 走進車廂之後，立刻露出燦爛的笑容，興奮地向大家揮手。

玻利維亞雖然是南美最貧窮落後的國家，卻擁有最美麗多變的極地風光。我報名的這個烏尤尼鹽沼之旅（Salar de Uyuni Tour），將深入世界奇景天空之鏡。

車子在烈日下越過一片荒蕪的沙漠，經過無數潔白的鹽堆，接下來出現在眼前的就是世界上最大的鹽沼；眼前一片白雪茫茫，有種難以言喻的美麗，簡直是超乎現實的震撼。

「天啊！我實在不敢相信自己的眼睛！這不是作夢吧！」呆了好幾分鐘，我才激動地說。

「太漂亮了！唯一美中不足的是現在不是雨季，無法看到照鏡效果，有點可惜……我會在雨季時再來一次，大家有沒有興趣再來一次？」Jacob 拿出手機，開始輸入其他人的聯絡資料。

「別囉嗦！快拍照吧！」這時 Brenda 已經躺在鹽沼上擺出鬼馬的姿勢，抱著我在鹽沼上滾來滾去笑，還叫 Jacob 幫我們從多個角度連續拍攝。

大家一起坐在鹽沼上野餐，我好奇地問：「Brenda，妳今年幾歲？」

「我已經 80 歲了，所以你們要把最美味的食物都讓給我吃！」Brenda 笑著搶去我正打算放進嘴裡的牛排。

「妳為什麼自己一個人旅行呢？」Jacob 問。

「我有個從小到大最好的朋友 Melana，小時候我們聽老師說，這裡有個像是天堂的地方，相約長大之後要一起前來。可惜後來我們各自有了工作、有了家庭，一直沒有實現這個約定。然後一轉眼幾十年過去了，她竟然不等我，自己去了真正的天堂。我永遠沒有機會跟她一起出發了，所以一個人來完成我們的心願。」說完，Brenda 打開脖子上的項鍊，給我們看她少女時代的相片。

Brenda 雖然動作慢了一點，但完全不像是個 80 歲的老人，她總是神采奕奕，而且臉上掛著開心的笑容。不過她也了解自己的體力極限，當我們在長滿巨型仙人掌的綠洲上徒步攀爬時，她就留在原地看風景。

當天晚上，我們住進一個附近杳無人煙的簡陋石屋，屋裡沒有插頭可充電、沒有火爐取暖、更沒有熱水可以洗澡，因此大家很早就穿上厚重的外衣，鑽進被窩。正當我在漆黑之中冥想，Jacob 的聲音把我帶回了現實⋯⋯

「這裡真的很冷，冷到我睡不著，你們都睡了嗎？這趟旅程之後你們會到哪裡？繼續留在南美嗎？」

他說自己的 Gap Year 旅程是從巴西的里約熱內盧開始，然後行經阿根廷及智利，之後一路向北，準備穿過中美洲，回到北美。

早在小學的時候他就告訴自己，成為大人之前，要到外面的世界走一趟。

「世界這麼大，出走當然是越年輕越好啦。唉！到了我這個年紀，已沒有足夠體力去旅行了。」Brenda 感嘆地說。

「工作了十年，我也過三十歲了。我真的不知道現在是否是最適合出走的時機，但我想在旅行中找尋自己……」我說出了心中一直以來的困惑。

天還未亮，睡眼朦朧間聽到 Jacob 在打呼，然後 Klaus 突然出現在我眼前。他將我從溫暖的棉被中喚醒，帶著我來到冰冷的室外。

「我們一起爬上那座山丘吧！」

曾當過軍人的 Klaus 身手矯健，他一路攙扶著我往上攀爬。到了山腰，我對他說：「不行，我不能再上去了，這個高度讓我很害怕！」

他大力地握緊我的手，鼓勵地說：「不用擔心，我們踏著的石頭很安全。難道妳不想看到山上美麗的風景？」

當我們小心翼翼地爬上最高處，凝望地平線上的旭日東昇，忍不住為大地所傳達的生命力而感動。

「我常常一個人露營、一個人旅行，最愛這種跟天地在一起的感覺。」Klaus 說。

「那你為什麼要帶我一起上來呢？」我不解地看著他。

「因為我要告訴妳，二十歲也好、三十歲也好，沒有什麼可以界

定妳的人生價值、也沒有什麼可以阻止妳去探索外面的世界。放心地繼續向前走吧！只要還在路上，總有一天會找到旅行的意義。」說完，他用那雙看似冷酷的眼睛向我微微一笑。

原以為離開鹽沼之後，就再也見不到令人讚嘆的絕景，沒想到往後的行程更是驚喜連連！從沙漠中的石樹岩層、冰峰之下的翠綠高原、色彩變幻萬千的湖泊到最後什麼都看不見，只見天與地之間浩瀚無垠的地平線，眼前是一幅令人畢生難忘的震撼畫面。

「Brenda 給我手，Sio 給我手，Klaus 就拖著 Brenda 吧！」Jacob 張開雙手，帶領大家手牽手一起高呼「Vamos！（走吧）」，向前奔跑。我們在無邊無際的天與地間忘我地跑著、跑著，感覺整個世界就只剩下我們……突然之間，Brenda 鬆開我的手、跌坐在地上，並按著胸口

露出了痛苦的表情。

「我……我的藥……」她指著吉普車說。

「在妳的提袋裡？還是行李……」Jacob 邊說邊向吉普車狂奔而去。

「嗨！醒醒啊！」Klaus 輕輕拍打 Brenda 的臉，讓她平躺在地上，按摩她的心臟。

「妳不要嚇我！這裡方圓萬里內都沒有醫院呀！」我慌亂得不知如何是好，只好在心裡誠心地祈禱。

Brenda 半開半闔的眼睛開始慢慢地轉動，這時 Jacob 也把救心丸拿來了，「快含在舌底吧！」

我們焦急動地等待 Brenda 醒來。雖然前後只有短短兩三分鐘的時間，感覺像是一個世紀般漫長。

「Melana 呢？」Brenda 一睜開眼就詢問好友的蹤影。「剛才她明明跟我在一起，還說天空之鏡沒有照鏡的效果，得再來一次。她是不是又不等我，自己回天堂了？」

說這句話時，她的臉上露出了滿足的笑容。

記得出走之前，每天我都聽見內心深處有個小聲音不斷地對我說：「時間到了！該出發了！」現在這個聲音又出現了，它告訴我：「人生只有一次，即使活到 80 歲，還是不要放棄最初的夢想！」

BOLIVIA
The
JOURNEY
of
MY HEART

BEYOND
the
BOUNDLESS
SKY

玻利維亞
的
藝術課

事情的
好與壞
常常是
比較之下
的結果

玻利維亞首都在蘇克雷（Sucre），經濟中心在聖德科斯（Santa Cruz），但其實拉巴斯（La Paz）才是玻國最主要的城市，這裡設有政府總部，而且是旅遊樞紐。因為這裡擁有最多高等學府，許多學生都會到拉巴斯上大學。

　　我從海拔四千公尺的旅館，一路呼吸著稀薄空氣往下坡走，繞過市中心廣場，在四通八達的小路上，漫無目的的晃蕩。沿途有著頭戴高帽的大嬸擺攤販售民族飾品，七彩奪目的古董小巴在狹路之間穿梭，活蹦亂跳的孩童們在手繪塗鴉牆前追逐……這些獨特的人文風光令人目不暇給。

　　後來我的心跳急劇加速，幾乎喘不過氣來，只好停下來歇息。

　　等到呼吸回復正常時，我發現自己正站在一間外觀不起眼的畫廊門口。這個畫廊與喧嘩的街景相比，彷彿是另一個世界。走進室內，裡面擺放著不少色調黯淡的作品，四周也流露出一股沉鬱的氛圍。而其中最吸引我的是畫廊中央的一幅作品，看到全身都被樹根纏繞、雙眼亦被綑綁、正在痛苦吶喊的人形雕塑，我忍不住問：「你怎麼了？發生了什麼事情？」

　　沒想到它竟然聽到我的喃喃自語，語帶悲痛地回應：「玻利維亞早已被腐敗政權蠶食了！」

　　我一回神，才發現身邊站著一個頭戴圓帽、留著灰白鬍子的中年男人。他見我一臉詫異的表情，熱情地向我打招呼：「妳好！我叫Efraine，是這個學院的美術教授。」

　　「這全都是你教的學生的創作嗎？他們很有才華呢！」

　　「那我帶妳去認識他們吧！」

　　踏出畫廊之後，我抬頭一望，發現這裡原來是玻利維亞國立美術學院。Efraine教授一邊帶我參觀堆滿雜物的雕塑教室、設備簡陋的攝影教室、沾滿污垢的絲印房，一邊好奇地追問我闖蕩世界的經歷。

BEYOND
the
BOUNDLESS
SKY

The
JOURNEY
of
MY HEART

69

「妳去過那麼多地方，又從事藝術創作，同學們一定會很喜歡妳！來，這就是我的插畫課！」當他推開破爛的教室大門，我看見一群年輕學生們正聚精會神地畫著素描圖。

「在玻利維亞，只有拉巴斯提供藝術科高等教育課程，很多學生都是從全國各地來到這裡，他們很珍惜在這裡學習的機會。」Efraine 教授向我解釋這裡的情況。

「我看這裡的學生不多，應該是得不到家人的支持吧？」

「他們都是因為熱愛藝術而學習，因為即使完成了大學學業也很難找到和藝術相關的工作。」

「我實在不明白，玻利維亞除了有鹽沼、雨林、冰峰、沙漠等絕世風光，還有天然氣、銀礦、石油等取之不盡的天然資源，照理說應該是經濟發達，人民也不愁溫飽才對。」

「這就是第三世界的悲哀，玻利維亞是南美洲最貧窮的國家，我們的政府官員、警察都在貪污，吞光了國家財富，導致人民的生活越來越貧困。」

「但我所遇見的玻利維亞人看起來都很快樂。」

「既然改變不了環境，就得調整心態。即使政治強權奪走了我們生活的安逸，也奪不走我們的快樂。身為藝術家，我們有義務用創作揭開這些腐敗政權的真面目。而我身為老師，也有義務向學生展示這個世界的無限可能，讓他們對人生抱持一些希望。過兩天我在另一間學校有一堂平面設計課，請妳來跟學生們分享一下自己的經驗吧！他們很想知道其他地方的創作環境到底如何！」

* * *

當天早上，教授準時八點駕著越野摩托車來接送我到他所任教的另一所學校——聖保羅大學，雖然它的環境不像國立美術學院般髒亂破舊，但設施非常簡單，沒有電腦教室，教室裡也沒有網路，學生們還在用手繪做設計。

大家對於我這位東方臉孔的女生走進課堂都投以好奇的目光。教授在講台上向學生們介紹我：「Sio 是你們今天的講師，她會為大家講解自己的創作經驗！」

　　我以自己在歐洲的工作經驗和對東南亞市場的了解，為大家作了創作上的分析比較。這些學生不只對大千世界感到好奇，也對澳門這個陌生的國家充滿疑問，紛紛搶著發問。

　　「妳說澳門的賭場收入比拉斯維加斯還要多，那你們的工資一定很高吧？」

　　「我們的收入的確很不錯，可是物價也很高呢！」

　　「在澳門找工作容易嗎？」

　　「基本上沒有人失業，而且企業還不斷聘請外勞。」

　　「那你們有設計師、攝影師的工作嗎？」

　　「有！」

　　「導演呢？」

　　「有。可是我們整個經濟環境都在依靠博弈業和政府，工作內容單調，沒有太多發展的空間。而某些創作領域更沒有提供實際的工作機會，藝術家們只能在工作之餘做自己喜歡的創作。」

　　「既不用擔心生活，又有時間投入藝術，澳門真是個好地方呢！」

　　「我也要去！」

　　「一起去吧！Vamos！」

　　如果不是他們的提醒，我幾乎忘了原來澳門是這樣一個美好的地方。若將澳門跟歐美的生活環境相比的話，相對來說或許差了一點；但在第三世界人民的眼中卻是如此令人嚮往。站在課堂上的我，第一次感覺到自己何其幸運，生長在這個自由富裕的國度。

　　由於同學們很想學習動畫，數天後我便為他們上了幾堂動畫課。但學校裡只有一位同學擁有筆記型電腦和照相機，所以大家都圍著我，聽我講解如何用一張一張的照片製作定格動畫。

「澳門有很多動畫片嗎？」

「我們沒有什麼動畫做的劇情片，但廣告會搭配一些動畫特效。」

「那你們有很多廣告方面的工作囉？這裡連平面廣告的工作也很少！妳為什麼要放棄澳門舒適安穩的工作環境呢？」

一張張年輕的臉孔等待著我的回答。然而，我卻從他們單純的目光中看到了答案。

「因為我要向你們學習，向路上所有相知相遇的人學習。學習做人處事的道理、學習向前進、學習做 一個 Traveling Artist……」

他們清澈的眼神像是在告訴我，原來我一直活在太過複雜的成人世界；他們的熱情也鼓舞了我，環境無法阻礙一顆追求藝術的心。對於藝術創作的熱愛是沒有界限的，身邊的物質不過是表現的素材；只要有心追求，萬事萬物都能隨心所欲呈現。

我想起在澳門時，老是遇見一些人抱怨生活過得一成不變，他們雖然在嘴裡嘆著：「我已厭倦這樣的生活！」卻還是嫌自己錢賺得不夠多，繼續汲汲營營地過生活。

很多人不滿足自己的生活，往往是因為愛比較的心態作祟。他們相信，和別人一樣擁有什麼，才能活得更快樂。其實，比較是一種缺乏自信的表現，它讓你急於向外貪求更多，卻永遠填滿不了內心的黑洞。

CHILE

BEYOND
the
BOUNDLESS
SKY

the
JOURNEY
of
MY HEART

沙發客
的
悠閒 假期

沒有
行程表
隨著心情
遊走
才是
最舒服的
旅程

智利是南美洲既先進又安全的國家，在這裡，不用再擔心受怕可能會遭遇什麼危險，而且一路上遇到的人民都相當友善。因此我決定要做兩件從來沒有做過的事情：一是當沙發客，二是搭便車。

　　當我到達智利北部小鎮聖佩德羅德阿塔卡馬（San Pedro de Atacama）才發現，北部最有機會搭便車到首都聖地牙哥（Santiago）的地方，是距離小鎮四小時的海邊城市安托法加斯塔（Antofagasta）。為了避免延誤和沙發主人會合的時間，我放棄搭便車的計畫，改搭 TurBus 直達首都。雖然智利長途巴士的座椅都非常舒適，沿途風景亦非常漂亮，而且還提供飲料點心，但說實話，二十四小時的車程實在是路途遙遠，等到下車那一刻，我幾乎快休克了。

　　過去我曾在 Couchsurfing.org 網站認識一些居住在海外的朋友，但

BEYOND
the
BOUNDLESS
SKY

The
JOURNEY
of
MY HEART

77

一直沒有試過當沙發客。主要是因為我太了解自己「話不投機半句多」的個性，了解我的朋友都知道我的個性樂觀又坦率，但素昧平生的人就會覺得我看起來有些高傲。我自認並不適合跟陌生人同住在一個屋簷下。

我決定要在智利獻出「第一次」，沒想到卻讓我在智利遇見最棒的沙發主人！這位主人熱情但不過火，好客但不囉嗦，而且非常大方；當我到達他家的第一天，他就主動把鑰匙給我，告訴我可以自由出入、使用家電。

這位沙發主人除了喜歡體驗異國文化之外，還喜歡下廚，時常為大家準備豐富的佳餚。在他家短暫居住的期間，我們之間雖然有語言障礙，但還是有說有笑，絲毫沒有距離感。

擁抱蔚藍海岸

智利北部的沙漠可從玻利維亞進入，南部的冰川則可從阿根廷到訪，而且兩個鄰國的物價都低廉許多。智利最吸引人的就是南美最長的蔚藍海岸線，這段期間正好遇到著名的海邊城市瓦爾帕萊索（Valparaíso）舉行一年一度的鼓樂節，因此我也跟著沙發主人前去湊熱鬧。

當天，我們隨著擊鼓遊行的隊伍一起來到海邊，擠進滿滿人群之中，一同享受歡愉的氣氛。現場除了洋溢森巴鼓隊熱鬧激昂的旋律，還有小丑變戲法、女孩跳絲帶舞、壯丁表演功夫，而最刺激眼球的，當然就是沙灘上的辣妹人體彩繪了。節目結束之後，我們跟躺在沙灘上，悠閒地吹著海風，聽著海浪，靜靜地看著海上的日落。

聖地牙哥是個充滿藝術氣息的優雅城市，隨處可見殖民時代的歐式建築、現代化的城市設施、衣著時尚的上班族。我除了愛在市中心廣場散步，觀賞展現新奇技藝的賣藝人，在藍天底下盤旋的鴿子，也愛流連在聖地牙哥中央市場大吃大喝。

智利是個與海為鄰的國家，有著生猛活跳的海鮮，雖然海產價格不算便宜，但是美味無比！記得我嚐過一碗認為是世界上最美味的海鮮湯，內有魚蝦蟹貝至少八九十片，那股鮮甜的滋味，至今仍令我再三回味！

吃得好、住得好，身體也不用再適應高地的氣候，讓我在智利度過了一個輕鬆悠閒的假期。但智利既然是南美最現代化的國家之一，當地的物價自然也很高，實在不宜久留。「休息是為了走更遠的路」，經過短暫的休息，我又繼續下一站旅程。

The
JOURNEY
of
MY HEART

ARGENTINA

BEYOND
the
BOUNDLESS
SKY

夢想

的　彼岸

計畫
永遠
趕不上　變化
不妨在旅途中
一邊走
一邊描繪
夢想的藍圖

七彩旅館打工換宿

　　由北美到南美，跨過一萬八千里，橫越半個地球，一心只為了前往巴西。可惜的是，我並沒有到達巴西，因為我的護照快要到期，因為聽說那裡很危險，因為我已快要花光所有旅費……

　　真相是，來到巴西之前，我愛上了阿根廷，並且與它相戀半年。

　　我從來都沒有想過要留在阿根廷，更沒聽說過科爾多瓦（Córdoba）這個城市，但快要到達巴西之前，在網路上看到有家繪滿色彩繽紛塗鴉的七彩旅館，直覺這裡是個令人快樂的落腳處，當下心中有股強烈的聲音，呼喚我來到 Aldea Hostel 打工換宿。

BEYOND
the
BOUNDLESS
SKY

The
JOURNEY
of
MY HEART

83

　　「注意、注意！來自澳門的 Sio 是我們的新成員！」在輕快的拉丁舞曲伴奏下，經理用力大喊。

　　「我是來自美國的 Tom！」「我是來自巴西的 João！」「我們是 Nicolas 和 Lindsay，來自比利時！」新同事們邊自我介紹，邊熱情地送上拉丁式親吻做為問候。

　　「還有來自英國的酒保 Dan！」經理向著吧檯那邊大叫，正在忙著調酒的帥哥馬上遠遠地向我眨眼，隨後身手俐落地轉身從酒櫃裡拿出一支色酒到我面前高舉乾杯，「歡迎來到阿根廷！」

　　我大口喝下手中那杯不知名的飲料，沒想到味道既苦澀又古怪，喝完幾乎要吐了。

　　「靠！這是什麼？」

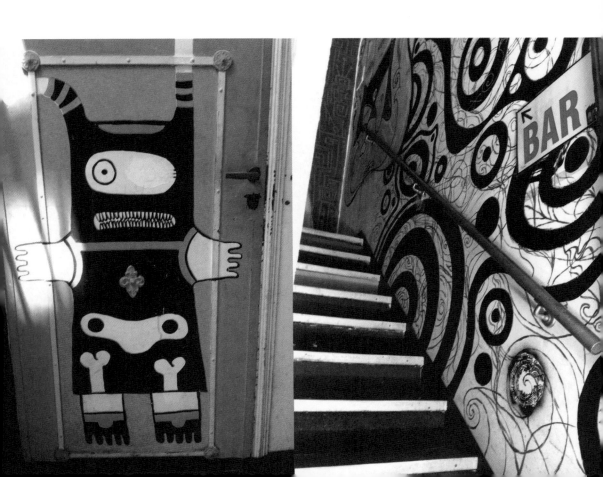

BEYOND
the
BOUNDLESS
SKY
The
JOURNEY
of
MY HEART

85

「這是阿根廷人最愛喝的 Fernet，通常第一次喝都會覺得難喝，可是我肯定妳會越喝越上癮！」

經理在我的杯子裡添了更多酒，大家又再三舉杯，直到酩酊大醉才回到房裡。

第二天早上酒醉醒來，發現員工房是快樂的鮮黃色，之後我睡眼惺忪地穿過五顏六色的長廊，來到鮮紅色的露天庭園，看到同事們聚在一起，似乎正討論什麼事情。

「你們在做什麼？」我好奇地問。

「慘啦！我一連四天都要當早班！有很多辣妹在等我呢！」Tom 流露出一臉痛苦的表情。

「這是新的排班表，我們每個星期工作三天半，如果當早班的話就很難出去玩啦，除非像 Nicolas 那樣不用睡覺！」Lindsay 刻意對著廚房說。

「不要再說了，我還沒睡呢！從今天早上六點忙到現在……」正在廚房忙著洗碗的 Nicolas 發出慘叫。

「但 Tom 還是可以在休假日出去啊！」

「對於 Tom 這個派對動物來說，三個晚上實在太少了！但妳不用擔心，新人第一個星期只需當日班，基本上沒事做，妳可以跟我們一起出去玩！」Dan 說。

科爾多瓦是個不夜城，從星期一到星期日都有精采的夜生活。記得我第一次進入當地的夜店，還以為誤闖了名模派對，無數帥哥辣妹在我眼前扭腰舞臀，身穿禮服的管樂團在華麗的舞台上吹奏著動感的拉丁舞曲……就在我的感官被刺激到最高點之際，一位貌似基努・李維的型男走上前來遞給我一杯酒，「請妳喝的！妳很美啊！」

當下我以為自己聽錯了，他又繼續在我耳邊大聲說：「我說妳很美啊！」然後拉著我擠進舞池，將我介紹給他的一個、兩個、三個……總共十五個帥哥朋友！更難以置信的是，他們都爭相稱讚我：「妳的眼睛很美！」「妳的嘴唇很美！」「妳的頭髮很美！」總之，我身上

看得見的地方都很美！被逗得飄飄然的我跟著帥哥大隊狂歡到天亮，最後我們還闖進一家已經關門的脫衣舞店，要求老闆娘再給我們來一場熱舞秀。

之後每次踏進夜店總有帥哥圍繞著我，說我是漂亮的女生。起初我以為這是因為自己是夜店裡唯一的亞洲人，所以才有機會變成他們眼中的女神，後來發現，原來阿根廷人除了愛美之外，更愛「美言」。

每當我坐在廣場裡發呆時，總會聽見有人說：「今天的天空真美！」當我在公園裡跑步時又聽到：「這隻小狗真漂亮！」或是在街角外賣店聽到「這披薩真美味！」……「很美！」、「很好！」、「很棒！」阿根廷人總是將這些正面話語當作口頭禪，對身旁的人事物讚不絕口。這絕非誇張，而是因為他們天性樂觀又知足，對生命有著燃燒不盡的熱情；在他們的眼裡，一切事情都變得分外美好。對於阿根廷人來說「生命是美好的」，即使天塌下來都不是問題，最要緊的是及時行樂。所以當我踏進阿根廷這個土地，感到前所未有的快樂，著迷地愛上這個地方。

* * *

我在旅館的同事們來自世界各地不同角落，為了不同理由流浪到這裡。經常買醉的 João 因為逃避現實，所以不願離開；帥氣迷人的 Dan 遇到了真愛，於是定居下來；喜歡彼此作弄的 Nicolas 和 Lindsay 則打算攜手浪跡天涯；重色輕友的 Tom 則是捨不得阿根廷的美女與派對。

「阿根廷的女生是全世界最漂亮的女生，而且這裡物價低廉，隨便找個工作就可以過著吃喝玩樂的生活。我在這裡整整待了一年，從東部、西部到中部，教過英文、當過酒保、做過服務生，可我最懷念的還是在首都布宜諾斯艾利斯的瘋狂派對，所以我打算之後重新回首都。」Tom 說出了自己的心聲。

「在布宜諾斯艾利斯容易找到工作嗎？」

　　「那裡是南美最繁華的大都會之一，到處都是工作機會，只要你的西班牙語流利，就不愁沒有工作。」

　　「你覺得我可以在那裡找到和創意相關的工作嗎？」

　　「以妳現在的西班牙語程度，一定不可以！」

　　「只要有機會讓我成為 Traveling Artist 的話，我就一定可以學會西班牙語！」我信誓旦旦地說。

　　於是我開始規劃了一系列的自學課程，用手機 App 讀單字、上網學文法、看電視節目訓練聽力，還不時拉著同事練習會話。三個月過去，我算是可以用西班牙語跟當地人溝通，於是立即訂了前往首都的車票。

　　有「南美巴黎」之稱的布宜諾斯艾利斯果然名不虛傳，大街小巷盡是歐陸風格的建築，恍如置身歐洲。抵達後隔天我就在當地一家旅館經營的天台酒吧找到服務生的工作。在這裡的工作不算太困難，就

是從傍晚到第二天凌晨，不停地為客人開啤酒、鑿冰塊、調特飲。但這家店是幢三層樓的建築，沒有電梯，我常常得把好幾大袋垃圾從天台上拖到街角，再把好幾箱啤酒送到三樓，十分吃力。

到了星期四晚上的燒烤晚會我也特別憂心，因為店裡其他同事不會說英文，也不會為了配合我，放慢說話的速度。

「剛才不是和妳說了，是美國客人那一桌啊！」

「不好意思，我再送！」

「我叫妳切菜，不是煮湯！」

「對不起，馬上切！」

「為什麼還沒有給客人刀子？」

「因為我給了叉子……」

「靠！妳到底有沒有在聽呢？」

　　即使是出餐、做沙拉、放餐具這些簡單的事情，我也會在慌亂的情況下重複犯錯，導致同事們抱怨連連。由於經常犯錯，經理對我的態度越來越不客氣，我的心情也越來越難受。

　　「我是叫妳把音響放在大廳，不是門口！」「為什麼還沒有把碗盤洗乾淨！」「還有一箱啤酒沒有送上天台！」……經理不停地對著我破口大罵。而他越是罵我，我就越是緊張、容易犯錯。於是我盡量少說話，即使如此，他還是一逮到機會就狠狠地修理我。

　　有天晚上，我靜靜地待在吧檯裡工作，期待打烊之後跟著同事們到夜店放鬆一下緊繃的心情。沒想到當大家準備好出發時，經理竟然冷冷地跟我說，「Sio，洗完杯子之後，好好收拾一下廚房，記得要關好所有燈才可以離開！」

　　當下我的眼眶紅了，但只能默默地吞下所有的委屈。這時常常來店裡玩的搖滾樂團「The Otherness」主唱走進來，關心地問：「妳還好吧？」

　　我低著頭啞著聲說：「我沒事。」然後繼續洗杯子。

　　「哪個神經病把總電源關了？冰箱裡面的東西全都壞了！」還在睡夢中的我聽到經理又在大聲咆哮，隨即意識到自己犯下了大錯，慌忙跳下床，赤著腳跑到廚房。

　　「妳不用再來上班了！」經理氣極敗壞地說。

　　「你說什麼？」

　　「我說妳不用再上班了！三天內給我搬走！」

　　聽完，我竟然忍不住笑了出來，「哈～我終於自由了！」

　　沒多久，連清潔阿姨和其他同事都來恭喜我脫離苦海，原來在大家心目中的經理是個混蛋。

被解僱後的第二天，我一個人帶著筆電坐在公園裡專注地搜尋房屋出租廣告，突然間，出現一隻戴著骷髏頭銀戒指的手，將我的筆電螢幕蓋上。我錯愕地抬頭一看，出現在面前的是平常夜深時才會出現、總是穿著一身黑色皮衣的「The Otherness」樂團成員們。

　　「聽說妳被解僱了！」主唱 Gonzalo 首先發難。

　　「你的消息真靈通，我正在忙著找房子呢。」

　　「恭喜妳！」、「早就應該不幹了！」、「今晚可以一起出去了！」接著，吉他手 Martin、貝斯手 Nit 和鼓手 Pablo 也圍著我，七嘴八舌地說。

　　「為什麼你們會這個時間出現？酒吧還沒開門呢！」我好奇地問。

　　「來看妳呀！我已幫妳找到了幾個房子！看～」主唱的女友 Guillermina 坐到我身邊說。

　　「什麼？」當我看見 Guillermina 手機裡的資料，感到非常意外。

　　「不用擔心！如果妳三天內找不到房子的話，就搬來我們家吧！」Gonzalo 說。

　　他們的好意來得太過突然，讓我來不及感謝，嘴裡就冒出這句話：「可我們還算不上是朋友……」

　　「就是知道妳在這裡還沒有朋友，所以我們來當妳的朋友啊！」Guillermina 認真地說，她的背後彷彿有道光芒正在閃閃發亮。

　　「反正我也正好失業沒事做，大家可以到我家看球賽，明晚就是小保加的主場！」Gonzalo 興奮地說著，其他成員也跟著手舞足蹈起來。

　　「你也失業了？」我有點替他擔心。

　　「這不是很好嗎？我可以專心做音樂！」

　　「放心吧！生命是美好的，妳很快就會找到工作！」Guillermina 背後的光芒又再度閃閃發亮。

　　就這樣，上天派來了一群搖滾天使，以熱情的笑臉守護著我。而離開天台酒吧之後，我馬上得到一連串夢寐以求的工作機會。首先是擔任 Excelerate Energy 紀錄片的撰稿人，之後是 Nike 活動的攝影師，還有為樂團製作宣傳片，成功地在南美洲做個 Traveling Artist！

阿根廷人沒有時間表

　　阿根廷人是出了名的愛拖延，晚上不到十點不開飯，凌晨仍在煮菜做飯，兩點過後才會出發到夜店。他們做什麼事情都沒有時間表，去什麼地方都要排長長的隊伍，經常令我等得火冒三丈。

　　記得有次我跟朋友看完電影之後，地鐵已經關門，為了省錢只好多走幾個路口等公車，可等了半個小時也沒見公車經過。

　　「怎麼沒有公車？我們還是坐計程車吧！」

　　「放心吧！可能只是這個站沒車，我們到別的站看看吧！」

　　時間一分一秒地過去，我忍不住開口了：「我們都等了快一個小時，你要不要再上網看清楚公車時刻表呢？」

　　「看也沒用！沒有阿根廷人會跟著時刻表走的！再等等吧！」

　　結果朋友說得沒錯，我們等了兩個多小時之後，終於有公車出現。

　　「無所謂！」、「不要緊！」、「放心吧！」是他們生活中的常用對白。對於阿根廷人來說，等公車、等朋友都是再正常不過的事情，

所以沒理由生氣。由於沒有時間觀念，人們處事自然也缺乏事前的周詳計畫。

我和「The Otherness」第一次拍攝宣傳片就面臨了「漫漫等待」的狀況。

拍攝那天我跟團員們約好中午到天台酒吧會合。當我抵達酒吧時，沒看見半個人來，一點也不意外。

半個小時之後 Martin 首先來到，一臉睡眼惺忪地向我親臉問好。

「其他人呢？」

「還在路上。」

差不多一個小時之後，Nit 也姍姍來遲，懶洋洋地坐在一邊。

「其他人呢？」

「還在路上。」

對他們來說，遲到兩個小時算是正常，所以我一直假裝冷靜，直到兩個小時之後情緒才爆發！

「其他人到底在哪裡？！」

「還在路上啊！妳不用緊張！時間還早呢！」

「早？！拍片要花很多時間的！」

我實在忍無可忍，立即打給 Gonzalo：「你們到底在哪裡？！」

「我們還沒找到租器材的地方！」

「什麼？！你之前不是說已經安排好了？！」

「我的安排就是今天去找啊！」

到了下午四點，該來的人還是沒來，我也放棄了拍攝的打算，於是小睡一下。剛進入夢鄉沒多久，就聽見 Gonzalo 急促的喘息聲：「起來啦！我們可以開拍啦！」

我立即翻白眼：「別鬧啦！我們根本沒時間！時間不夠是無法拍到好東西的！」

他們七嘴八舌地安撫我，「放心吧！」、「不用擔心！」、「走吧！」然後把攝影機掛在我的胸前，合力把我推出大門。

　　我們在布宜諾斯艾利斯充滿歐陸風情的復古街道上拍攝宣傳片，當樂團站在一幢又一幢華麗的殖民地建築前，被人們肆意塗鴉的每個門窗、每道牆似乎都在提醒我，這個國家雖然非常美麗但又極度混亂。在阿根廷停留期間，我見識到通貨膨脹、匯率慘跌以及層出不窮的社會問題，不免感到心酸。

　　離開阿根廷的那天早上，我在咖啡店看到電視台正報導女總統洗錢的醜聞，還有近年來最大規模的全國示威行動，單是首都就有一百萬名示威者抗議。身旁的人們也熱烈地討論著當前的政治局勢。

　　「不用擔心，2001 年的時候，我們不是經歷過嚴重的經濟危機嗎？還記得那年我們總共換了五個總統，整個國家都處在動盪不安之中，人民必須靠以物換物維生，那時我還用心愛的手錶跟你換了幾個馬鈴薯啊！」

　　「哪有 ?! 是我送你的！」

　　「總統貪污也無所謂啦！反正整個國家的官員都在貪污，至少她像貝隆夫人一樣帶給窮人許多幫助啊！」

　　「其實現在也不算是什麼難關，再糟糕的日子我們也過得很快樂，不是嗎？」

　　老實說，我也想學習和阿根廷人一樣樂天知足。但我知道，這樣一來，就可能失去向前進的動力。

　　我深愛阿根廷，在這裡生活的每一天都是刻骨銘心的回憶。但就是因為認真愛過，我才恍然明白，這個令人怦然心動的地方只適合談情說愛，卻不能長相廝守。

　　人生中充滿各種未知數，在完全沒有任何計畫的情況下，我來到這個全然陌生的國家。不僅學會一個新的語言，遇上難得的知己，也找到自己真正有興趣的工作，過著夢寐以求的生活！

　　就像電影《侏儸紀公園》說的：「生命會自己找到出路」，不用為未知的將來過度煩惱，只要全心全意地活在當下，總會到達夢想的彼岸。

SOUTH
AMERICA

BEYOND
the
BOUNDLESS
SKY

The
JOURNEY
of
MY HEART

拉丁

讀心術

世界上
最遙遠的距離
不是
語言隔閡
而是
心的隔閡

拉丁美洲大部分國家人民只說西班牙語、不會說英語。然而，在這片樂土遊走根本不用擔心語言問題，因為這裡的人天生擁有神奇的讀心術。

　　當我住在墨西哥時，幾乎每天放學都會跑到語言學校附近的傳統市場逛逛，綠油油的仙人掌、紅通通的辣椒、熱騰騰的玉米餅、五顏六色的水果杯……在堆疊如山的小吃攤後面總是站著笑臉迎人的老闆，他們會友善地和我打招呼：「Hola！（妳好）」

　　雖然我懂的西班牙單字就只有幾十個，但只要指著想買的東西說：「Gracias！（謝謝）」然後掏出錢來，他們就能明白。

　　有一次當我走近肉攤的時候，發現要買的東西沒有放在玻璃櫃裡，於是呆呆地站在攤位前。

　　「Hola！妳、要、什麼？」老闆看得出來我有語言障礙，因此放慢速度地問。

　　「我……」我不知道「碎牛肉」的西班牙語怎麼說，十分苦惱。

　　「妳、要、羊？」老闆指著羊排試探地問。

　　「不……」我有學過「牛」這個字，記得好像是「V」字開頭，「Va……」

　　「妳、要、豬？」老闆指著豬排說。

　　「不……我要……豬的朋友！」

　　「啊！妳、要、牛！」老闆終於在這場猜謎遊戲中勝出了！

　　「對！但很小……和很多很多！」我搭配誇張的切菜手勢說。

　　「啊！妳、要、碎牛肉！」聰明的老闆轉身從冰箱裡拿出碎牛肉。

　　自此，我開始大膽地開口和別人交談，無論是遇到頭戴草帽暢飲龍舌蘭酒的墨西哥大叔、身穿七彩披肩叫賣炸天竺鼠的秘魯婆婆、在二手市集裡跑腿送貨的玻利維亞小孩、躺在蔚藍岸邊做日光浴的智利美女、在小保加球場外狂歡的阿根廷帥哥……我都用一口破爛的西班牙語與他們交談，他們也很有耐心地聽我說話。

在秘魯邊境時，我聽說前往玻利維亞的崎嶇山路暗藏危機，很有可能遇上假扮警員的強盜半途搶劫或是成群結隊的童黨偷搶行李，甚至有人曾經慘遭與賊同夥的巴士司機勒索綁架……十分忐忑不安，於是跑到車站視察一番，並且攔住旅客問個明白。

「拉巴斯，好巴士，這個？還是這個？」我指著不同巴士公司的櫃檯發問。

「這全都是去拉巴斯的巴士！」有位旅客似乎不太明白我的意思。

「看，這裡，砰砰砰！」我走到地圖前面，指出行車路線，再比出開槍的手勢。

「哈哈！這是妳要的巴士！安全的巴士！」有位旅客遞給我一家巴士公司的宣傳小冊子。

提到自助旅行，尤其是環遊世界，很多人腦海中第一時間浮現的問題便是語言障礙：「我不會說法文怎麼辦？」「我是不是該學好德文再出國？」「我不敢出國，因為英文不好。」

「不懂當地語言就無法在國外生活」是一般人的觀念。在國外旅行，有些人靠的是超強的語言能力，有些人靠的是五湖四海皆能交友的本事，語言並不是和外界聯繫唯一的方法，靠著肢體語言和簡單的單字也可以達成溝通的目的。

一般旅途上所需的不過是吃喝玩樂，這些場合往往不用說話，付錢就行得通。若是叫餐，就指著桌上喜歡的菜式；若要買票，就把目的地寫在紙條上面；要是迷路，就比手劃腳向人問路。放膽表達就對了！只要對方有心溝通，一定會明白你的意思。

人們常將有吸引力的事物與恐懼綁在一起。要知道，恐懼只存在於心中，只有當你相信了才會變成真實。有了熱情，自然會促使你想辦法去完成原本不可能實現的夢想。

心，才是跟世界
溝通的管道

　　我在玻利維亞遇見 Blanca 時西班牙語還不太靈光，只知道她來自聖克魯斯，大學畢業之後跑到拉巴斯的一家藥廠工作。她的月薪只有 170 美金，除了繳房租外還要拿一些錢養家，但還是生活得很快樂。

　　「我，6 點，下班，之後，吃飯，妳和我？」Blanca 首先指著自己、指著手錶、指著工作證、然後做出吃飯的手勢、最後指著我，又指著她自己。

　　「6 點，妳和我，中央市場，旁邊，餐廳？」她又指著手錶、指著我、指著她自己，然後再翻開地圖，指出相約的位置。

　　我從來沒有遇過一個人像她如此用心聽我講話、努力使我了解她的人。她對我說話時極有耐心，總是不厭其煩地重複每一句話，並且搭配手勢，甚至用圖畫說明。

　　和 Blanca 一樣，許多拉丁美洲人熱情又有耐心，願意用心地與外國人交流。其實，走過那麼多國家之後，我發現無論是哪一國人，如果有心幫助你的話，並不會在意你是否聽得懂他的語言；而不想幫助你的人，根本不會給你機會發問。

　　現實生活中，我遇過許多說同一種語言的人，卻聽不懂他們話語中真正的意涵；而那些說出口的話，也不見得是真心話。真正能夠開啟人們對話的，並不是「語言」這個工具，而是你是否願意敞開溝通的心房。

MOROCCO

BEYOND
the
BOUNDLESS
SKY

摩洛哥
驚魂

只要
還有能力
選擇
我們
都是
幸福的

當我走出馬拉喀什（Marrakesh）機場，一陣悶熱的空氣迎面襲來，令人懊熱難耐。

　　有人大喊著我的名字：「Sio！上車吧！」

　　是我預訂旅館的工作人員 Omar，他帶領我走向一台老舊的車子，裡面的冷氣似乎只剩下裝飾功能，室內空氣沉悶得令人想吐，我只好把頭伸出窗外，一邊吹著暖風，一邊欣賞著街道兩旁的萬家燈火、人潮稀落的夜市攤販，以及高聳入雲的清真寺。

　　來到摩洛哥，並非為了撒哈拉沙漠的壯闊風景，或是精緻典雅的伊斯蘭建築，純粹只是想要滿足自己走過六大洲的虛榮心。來到這裡之前我也沒有做任何功課，主要因為從歐洲飛來這裡的廉價航空不少，光是一個晚上住宿費只要四歐，就已經值回票價了。

BEYOND
the
BOUNDLESS
SKY

The
JOURNEY
of
MY HEART

109

「到了！下車吧！」

Omar 提著我的行李，示意我走進眼前的巷子。巷內暗黑無光，走在他的後方，幾乎看不清楚他的背影，只能跟隨著此起彼落的腳步聲前進。

雖然只有短短數分鐘的路程，我已記不清到底拐了多少個彎、穿過幾道門，走過無數迂迴巷弄，才終於到達旅館。此時再回頭那些猶如迷宮的巷道，忍不住打了個寒顫，心想：「這到底是什麼鬼地方？」

Omar 似乎看穿我的心事，懶洋洋地躺在大廳抽著阿拉伯水菸，慢條斯理地說：「放心吧！明早我會再帶妳走一遍，妳很快就會熟悉的！」

在烈日的照射下，再度走在巷弄之中，的確讓人安心許多。只是，偶爾有人從我面前經過時還是讓我感覺不太舒服。這些路過的男人總

BEYOND
the
BOUNDLESS
SKY

The
JOURNEY
of
MY HEART

111

是直盯著我看，即使擦身而過仍會回頭望我一眼，甚至有人一路緊跟在我的身旁，追問我的名字。

好不容易，來到了熱鬧的市集，看著琳瑯滿目的首飾、皮革、布料、地毯、衣服、銀器、古董等精緻的手工藝品，心情也豁然開朗。

「美女，妳是日本人嗎？妳叫什麼名字？喜歡什麼顏色的靴子？穿什麼尺碼？」小販有禮貌地問。

我對他說了句謝謝，就走到下一個攤位。

「妳很漂亮！妳是哪裡人？說中文還是韓文？妳想看木製品還是皮製品？」四周不斷有小販打量著我，向我推銷商品，此時我已感到有點不耐煩，朝著廣場的方向加快腳步。

「別走得那麼快！來摸摸我的水果吧！我也想摸摸妳呀！」

我還以為自己聽錯了，立刻詫異地回頭，屬色望向他。沒想到對面的小販更加肆無忌憚地說：「嘿，妳的臀部很漂亮！過來看看，我的頭巾也很漂亮！」

我被嚇到了！瞪大眼睛給他一個下馬威：「你剛才說什麼？有膽再說一次！」他們仍用嘻皮笑臉的看著我，繼續「糾纏」攻勢，最後我只好推開經過市集裡的滿滿人潮，繞過不斷向我招手的弄蛇人、算命師、演奏者⋯⋯ 來到廣場旁邊的餐廳，可還未走近門口，已有好幾個男人包圍著我。

「美女，妳好嗎？」

「妳是哪裡人？叫什麼名字？」

「來我們這家吧！妳想吃塔吉還是古斯米？我們有牛、羊、雞也有海鮮，而且最便宜！」無論我向左走還是向右走，他們都緊緊跟著我，擺明非要做到我的生意不可。結果，我懷著憤怒的心情，在嘈雜的環境下，吃了一頓菜色跟帳單價格不成正比的摩洛哥菜之後，迅速回到旅館。

其實摩洛哥男人口無遮攔的語言暴力早已聞名於世，但這個初體驗讓我從一開始的驚慌到後來怒氣沖沖，一回去就搶走 Omar 正抽著的菸斗、吸了幾口草莓味的水菸來消消氣。「我不會再出去啦！街上一直有男人煩我、纏著我，有些更是口無遮攔的性騷擾，我實在受不了！」

Omar 聽了笑笑：「不用生氣，妳所遇到的事情都是正常的！這不過是摩洛哥男生跟遊客兜售貨品、吸引妳注意的表現！這裡沒有什麼網咖、夜店、咖啡館可以結交異性，我們從小就習慣以言語博取異性歡心！女生如果不感興趣的話，只要不作任何眼神接觸和回應，男生就會知難而退！」然後他替我繫上了黑色頭巾：「出去走走吧！好不容易來到這裡，總不能天天待在旅館。只要妳出去後誰也別望、誰也別理，就沒事了！」

於是，我牢記 Omar 的訓示，假裝什麼都看不到、聽不到，只專注在拍照。當我在街頭舉起相機準備拍攝路燈時，卻發現遠處有三位青年對著我叫囂：「不能拍！」

我對他們的挑釁置之不理。

「妳沒聽到嗎？我們說不能拍照！」

我還是裝作什麼也聽不見。

「妳再拍的話，我們就打妳！」

我再也沉不住氣，憤怒地偷偷望了他們一眼。同時我也意識到，周遭小販即使看見我被幾個男生欺凌可能也毫無反應，更不會有人伸出援手幫助我。為了避免事端，我決定離開。

當我收起攝影機時，他們仍然在 10 米之外叫囂：「妳再不離開，我們就強姦妳！」

是可忍，孰不可忍！我氣不過，狠狠地回看他們，勇敢地喊了聲：「幹！」後拔腿就跑。

「賤貨！站住！別跑！」他們在背後窮追不捨。我用盡全身力氣衝過一個又一個的門洞，跑過一條又一條的巷道，在似乎無止境的迷

BEYOND
the
BOUNDLESS
SKY

The
JOURNEY
of
MY HEART

115

宮裡清楚聽見自己的喘氣和心跳聲⋯⋯突然之間，一位全身罩著黑袍只露出大大眼睛、長長睫毛的女士把我攔住。

「妳沒事吧？」她拍拍我的手臂，關心地問。

「有人在追我！」早已淚流滿面的我崩潰地說。

「放心，沒有人追妳！」她示意我回頭看。

「真的嗎？」我小心翼翼地察看四周。

「當然是真的，剛才妳跟那幾個青年對罵的時候我也在場，他們根本就沒有追妳呀！」。

「那妳剛才為什麼不幫我呢？」我激動地說。

「我要怎麼幫妳呢？他們又沒對妳做什麼。更何況他們以為妳在拍他們，所以反應才會這麼激烈。這裡的法律是不允許男人觸碰女人的，若是對女遊客騷擾的話刑罰更重，所以他們只是謾罵而已，不會真的動手。」她試圖讓我明白這裡的情況。

「如果真的有人強暴我，有人會幫我嗎？」我還是感到不安。

「如果真的有人強暴我，也難保有人會來幫我。」她悠悠地說。

當事情真的發生在自己身上，才能深刻感受到那種震撼。此時，我的心情也由憤怒轉為同情。

儘管摩洛哥已經算是較開放的伊斯蘭國家，但當地婦女們還是沒有好日子過。女人不被尊重更是稀鬆平常的事情，她們半數沒有讀過書，還未成年就被家人逼著出嫁，平日則必須待在家裡不得外出。此外還要跟幾位妻子共侍一夫，婚姻暴力和性騷擾問題更是層出不窮。

相比起摩洛哥女性被嚴重剝削的權利，從前我在課堂、職場裡、生活中所遇到的所謂「不公平」待遇，原來都不過是雞毛蒜皮的事。我很慶幸自己生活在一個自由開放的國度，可以選擇用自己的力量去捍衛立場。至少，讓身邊的人得到我公平的看待。

PORTUGAL

The
JOURNEY
of
MY HEART

BEYOND
the
BOUNDLESS
SKY

伴我到
天涯
海角

是她
替我
打開了一扇
通往
世界的窗
讓我
在夢想的世界
展翅翱翔

為了一張廉價機票，我由阿根廷的布宜諾斯艾利斯飛了14個小時、等了13個小時，終於來到土耳其的伊斯坦堡。在機場入境時整個人已經疲憊不堪，卻遇上心情不太好的海關大哥嚴厲地打量著我。

　　「這護照真是妳的嗎？！」

　　「沒錯。」

　　「妳從哪裡找來這本葡萄牙護照？」

　　「我生於澳門，它是葡萄牙從前的殖民地，我們有三分一人口是葡萄牙籍。」

　　「那妳會說葡萄牙語吧？」

　　「一點點。」

　　「為什麼只是一點點？！」

　　「因為我們有葡萄牙文、中文和英文的學校，我是讀英文學校，學校裡所教的葡萄牙文只是基本的程度。」

　　多年以來，我在世界各地的大大小小機場，關於護照的來源，早已被盤問過不下數十次。大部分的海關人員在聽完我的解釋後恍然大悟，回以歉意的微笑；少部分的人則是繼續盤問，不讓我登機，甚至致電大使館查詢，直到了解真相後才會放行。

　　有時候，他們不相信的理由是因為我不會說葡萄牙語。年少時血氣方剛，每次被海關刁難，我總是感到十分憤怒，暗地裡鄙視他們的無知；年長後我才發現，原來問題在我自己身上。既然用葡萄牙國民身分出國旅遊，會說葡萄牙語應該是理所當然的事。我覺得自己有義務說好這個國家的語言，所以當初決定出走到巴西學習葡萄牙語，有機會的話再到葡萄牙生活。

　　葡萄牙是歷史上最早的殖民帝國、最早的海上霸權。從十五世紀開始，葡國航海家從西非沿岸南下，繞過好望角到達印度，再一路向東航行至馬六甲及澳門，其間亦登陸巴西。全盛時期，葡國殖民版圖覆蓋美、亞、非洲近八十個據點。

BEYOND
the
BOUNDLESS JOURNEY
SKY of
MY HEART
The

121

　　自十六世紀中，葡萄牙人把西歐及南洋文化帶到原本只有數百人
的澳門漁村，一步步走向繁華。從前在華人眼裡，葡人高傲自負；換
在葡人眼裡，華人又是另一階級；但不得不承認，大家一起走過四百
多年的過去，不少思想和風俗習慣，早已融合為一體。

　　雖然我沒有葡萄牙血統，但我還是很驕傲自己是她的國民，全球
有 196 個國家，葡籍免簽就有 172 個，而且還能在歐盟居留工作。因
為有葡萄牙護照，我才可以持著單程機票跑到英國求學，之後遊歷世
界各國。我喜歡葡萄牙，不僅因為它給我的身分，而是它在海上冒險
犯難的歷史故事、與世無爭的寧靜氣氛，還有那總是能夠撫慰我的心
靈的藍天白雲。

＊　　＊　　＊

　　從土耳其轉機，又飛了 5 個小時之後，我終於到達目的地。走出
機場，心情頓時感到無比舒坦，思緒也變得平靜，因為里斯本的天空
從來都不會叫我失望。

曾經有許多年，我都會飛來里斯本換證件，住在貝倫區——這個葡萄牙冒險家在大航海時代揚帆出海的港口附近。我經常一個人走到海邊，抬頭望著藍天白雲，聽著浪潮聲，吹著海風，一待就是整個下午。

　　這一天我又像從前一樣，坐上開往貝倫區的百年古董電車。經過葡式碎石路、藍白瓷磚牆、古董街燈柱，時光就彷彿倒流一樣，停滯在十多年前。我第一次到訪這裡時夜夜流連的咖啡店外觀沒有什麼改變，老朋友 Bela 也還是坐在同一個位置，喝著特濃咖啡，吃著西洋腸包。

　　「Bela ！好開心再見到妳！」

　　「Sio，妳的西班牙語講得不錯耶，沒想到可以用西班牙語跟妳交談！」

　　「可妳也知道，本來我是想學葡萄牙語的！」

　　「可惜現在已經越來越少澳門人有妳這樣的想法！不用擔心，反正葡萄牙語跟西班牙語有八成相似，妳很快就可以學會的！」

　　「我很感謝葡萄牙國籍給了我實現夢想的機會，也感謝妳當年總是陪著我去換證件！」

　　「別客氣，妳懂得善用身分，我當然樂意幫助。不像有些澳門人護照過期了也懶得補領！」

　　若沒有葡萄牙國籍，或許沒有今天的我。但有時我又會想，即使沒有這個身分，以我充滿好奇的個性、對冒險的渴望，還是不會放過任何探索外在世界的機會。

　　「下次我再回來的時候，一定會說好葡萄牙語！」我跟身分證明局裡的職員信誓旦旦地說。領到了新的護照，內心充滿喜悅，因為一場新的旅程即將展開。這本伴我到天涯海角的護照為我打開了通往新世界的窗口，今後我也會像葡萄牙冒險家一樣乘風破浪，朝著夢想的航道繼續前進。

SPAIN
The JOURNEY of MY HEART
BEYOND the BOUNDLESS SKY

尋找
理想 的
居 所

世界上
沒有
十全十美
的 居所
只有
最適合 自己的
生活方式

旅居過南美之後，我一直留戀著西班牙語系文化，每天還是看著西語電影、聽著西語音樂。而這次重返歐洲，第一個最想搬去的地方就是西班牙，想要繼續感受熱情奔放的氣息。可惜西班牙經濟蕭條，失業率接近三成，讓我裹足不前。而這趟巴塞隆納之旅，其實是為了看清楚，這裡是否真能成為我的下一個落腳處？

　　如果你問我，理想的居住城市是什麼樣子？我希望面積不大也不小、交通發達、步調緩慢但也不過於沉靜；有藍天碧海的景色、美味的海鮮料理，也有時尚派對和性感帥哥；有美麗的歷史古蹟，也有充滿活力的藝術創作環境…… 不要以為我太貪心，在我的心目中，巴塞隆納就是這樣的地方。

　　巴塞隆納是西班牙第二大城、加泰隆尼亞自治區首府，人口約160 萬，面積 101 平方公里，共分為十個城區，交通方便，地鐵則有11 條線，涵蓋城中大大小小的觀光景點，而每個城區都很適合徒步漫遊。對於不會開車的我來說，這樣的地理環境及四通八達的交通實在非常吸引人。

　　有著二千多年歷史的巴塞隆納，早在古羅馬人統治時期已經是貿易中心，也是地中海最繁華的港口城市。我最愛由充滿哥特式建築的老城區露天茶座出發，穿過街頭藝人聚集的蘭布拉大道（La Rambla），來到巴塞碼頭仰望一望無際的碧海藍天，享受徹底解放的舒暢感。還有鑽進聖荷西市場（La Boqueria）裡的過百攤檔，品嘗濃郁芳香的黑毛豬火腿、鮮味無窮的海鮮炒飯、精緻可口的 Tapas 小吃、各種生猛海鮮、時令水果、芝士橄欖、糖果乾貨……這裡所有的美食都叫我垂涎欲滴。

　　十多年前第一次到訪巴塞隆納時，我便對高第的現代主義建築久久難以忘懷，而這次重遊舊地，內心還是澎湃不已。雖然巴塞隆納街頭到處都是出色的建築，但高第的名字早已跟巴塞隆納畫上等號。在

BEYOND
the
BOUNDLESS JOURNEY
SKY of
The
MY HEART

129

巴塞隆納九棟列為世界遺產的建築當中,高第的建築就有七棟,巴特洛之家(Casa Batlló)、米拉之家(Casa Milà)、文森之家(Casa Vicens)、桂爾宮(Palau Güell)、桂爾公園(Parc Güell)、桂爾紡織村教堂(Cripta de la Colonia Güell),以及最負盛名聖家堂(La Sagrada Familia),都是來到巴塞隆納必去的朝聖之地。修建了一百多年但還未完成的聖家堂是高第花了 43 年心血建造的,為了完成這個作品,他甚至搬到教堂居住,最後因為一場車禍意外,死於教堂前。

巴塞隆納這個前衛的藝文之都,有著不同年代的建築、不同風格的美術館和畫廊,以及不同形式的街頭創作,整個城市就像是一個巨大的藝術博覽會,行走其間,隨處都能被目光所及的事物觸動靈魂,難怪它能孕育出像畢卡索、達利、米羅、高第……這些驚世奇才。我暗自心想,如果自己能在這裡發展,想必靈感也是源源不絕。

治安每況愈下

我入住的青年旅館距離市中心的加泰羅尼亞廣場（Plaça de Catalunya）只有十幾分鐘路程，交通便利、價錢合理。重點是房間乾淨、設施齊備，而且由大門到臥室一共需要四張門卡，看來相當安全。然而，這也讓我對當地的治安問題掉以輕心。

有一天晚上我在旅館門口上網，突然有個高頭大馬的男人搶走了我的手機。不顧腳上還穿著人字拖，我立刻緊追在後。雖然跑過三條街後氣喘吁吁，休息了三秒鐘後，我又繼續追上前。此時，我也發現街角站著六位年輕人，便對他們大聲呼喊求救！這幾位好心的青年追了三條街之後，終於合力將搶匪制伏在地。最後，帥哥警察把這位在大街上肆無忌憚地犯案的搶匪帶走，臨走時還問我是不是職業跑者，否則為什麼可以穿拖鞋跑這麼久？

令人意想不到的是，第二天前往旅館途中，我又遇上另一個扒手！當時我在地鐵裡走著，身旁的大嬸竟然把我背在肩上的環保袋搶了就跑！幸好沒有什麼財務損失，因為我早已把所有證件和金錢都隨身收藏好。

到了警察局錄口供時，一位帥哥警察告訴我，近年來有大批非法移民以偷、搶為生，每天都有著數不完的犯罪發生，不管是廣場、地鐵、火車、餐廳、酒吧或市集都有無數陷阱，等著觀光客自投羅網。尤其我這種個子嬌小、又是單獨一人的亞洲女人，正是歹徒最愛下手的對象。

人們經常問我，去過的地方那麼多，最理想的住所是哪一個城市？答案是：世界上根本不存在這個地方。即使巴塞隆納的先天條件在我心目中幾乎無懈可擊，但親身體驗過令人不安的治安，根本無法說服自己長久居住在這裡。

The JOURNEY of MY HEART

LONDON

BEYOND
the
BOUNDLESS
SKY

越過
半個地球
的友情

只要
身邊還有
支持自己
的人
就有力量
勇往直前

重返英倫

　　我在英國待了七年的時間。在這裡，我快樂過、瘋狂過；曾經迷茫地失去自我，也獲得了寶貴的成長。但是，隨着時間流逝，無情的我早已把英國忘記得一乾二淨。

　　當年經常載我上下課的 19 號紅色雙層巴士、上班時匆忙穿過的查令十字火車站、午餐時會路過的國家美術館、週末流連忘返到天明的 Fabric 夜店、聖誕節之後可以買到一折名牌品的 Selfridges 百貨、經常去挖寶的波多貝羅二手市集，還有走過會以為自己是電影女主角的浪漫倫敦塔橋……這些記憶中的熟悉場景，都已一一離我遠去。

BEYOND
the   The
BOUNDLESS JOURNEY
SKY of
MY HEART

135

　　當我一抵達倫敦，心情頓時鬱悶起來。過去在南美的一年，我幾乎每天都在晴空朗朗的街道上行走，一時之間無法適應倫敦的烏雲密佈和綿綿細雨。不解的是，為何當年我可以在灰暗的天空下生活多年呢？

　　倫敦令人窒息的，還有那來來往往、從不間斷的人群。尤其當我與其他人摩肩擦踵地站在地鐵月台的時候，連呼吸都感到困難。很難想像，我曾經每天擁擠在猶如沙丁魚的車廂裡通勤，只求每天能夠準時踏進辦公室大門。當時的我享受著倫敦四通八達的大眾運輸服務，不管搭乘巴士、地鐵、火車都是班次密集，非常方便快捷，我認為這是有效率的政府運作下的產物。

　　初到倫敦的那個冬天，每天清晨當四周還是漆黑一片，我就跳上雙層巴士，經過西敏橋、國會大廈、大笨鐘，來到冷清清的特拉法加廣場，抬頭看看高高在上的納爾遜紀念柱，然後快步走進唐人街，捲起衣袖開始掃地、洗廁所、送雲吞等日常工作，直到中午再跳上雙層巴士，走進創作課堂，那裡是我的夢想發源地。

　　在倫敦停留的時間，我約了幾位老同學相聚，他們不約而同地問了我同樣的問題：「妳下一站要去哪裡？」「到了那裡要如何生活？」老實說，我真的不知道。 過去一年我一邊旅行一邊兼職，總以不是自己的地方為藉口，刻意忽略生計問題。這次重新回到歐洲，不得不認真面對這些現實問題。只是，現在的我已迷失了方向，找不到夢想的原點。

　　我繼續帶著憂鬱的心情搭上火車來到愛丁堡。下了車之後，發現愛丁堡的天空比倫敦還要昏暗。在淒風苦雨的摧殘之下，原本距離旅館只需五分鐘的路程，我卻花了半個小時才走到。由於舊疾復發，頸肩不時隱隱作痛，身體越來越不舒服。

　　冒着風雨走在愛丁堡，是為了一齣我非常迷戀的電影《真愛挑日子》（One Day）。電影裡的男女主 Dex 和 Emma 在愛丁堡大學念書時相戀又分離，往後二十年各自走在不同方向的人生路上，有過不同階段的伴侶，卻始終在心裡替對方留了一個無可取代的位置。

　　如果有一天我愛上一個人，即使我們一年只能相見一次，對我來說已經足夠。剩下的 364 天，我更體會到什麼才是真愛，更珍惜短暫的相處時光。

　　離去前，我跑到卡爾頓山（Calton Hill）眺望他們互生情愫的亞瑟王座山丘（Authur's Seat），回想他們年輕時相遇所綻放的熱情火花。

　　當年青澀的自己也是充滿熱情。無懼於世界冷嘲熱諷，不怕愛情無疾而終，一直走在自己想要走的路上。多年以後，我還是義無反顧地追尋自己的道路，但對於未來卻不再抱持美麗的憧憬。究竟下一步我要何去何從呢……？

BEYOND
the
BOUNDLESS
SKY

The
JOURNEY
of
MY HEART

139

從南半球到北半球，
不變的是友情和夢想

回到倫敦，其實是為了赴約。我曾經和阿根廷好友說，若是他們來歐洲演出的話，只要我身在歐洲，一定會到現場為他們加油打氣。記得在阿根廷的時候，每當我聽到「The Otherness」幾個大男孩興高采烈地訴說著英國巡演的計畫時，心情也跟他們一樣亢奮。

「起來！」主唱 Gonzalo 搖醒睡夢中的我。

「我沒力，起不來了……你們自己回天台酒吧！」

「什麼天台酒吧？我們今天要去的酒吧是在地面！」

我揉揉惺忪的睡眼，確定了自己不是在布宜諾斯艾利斯。

「快起來吧！今天是不可以遲到的！」

但我還是相信自己在作夢，因為我認識的 Gonzalo 是不可能會擔心遲到的。更令我匪夷所思的是，當我走進廚房時，其他人也已換好衣服、吃完早餐，認真討論起來。

「靠！怎麼還不到九點，你們已經準備好了？！」

「我們今天約了唱片公司、雜誌記者、酒吧老闆，行程非常緊湊，必須早點出發！」Gonzalo 遞上這個月的行程表、訪問的內容，還有媒體及酒吧資料。

「這都是你們做的嗎？」我翻著手上的文件，感到驚訝。

「妳跟我們練習一下英語囉！」吉他手 Martin、貝斯手 Nit 和鼓手 Pablo 都迫不及待地催促我展開工作。

「吃飽再談啦！」主唱女友 Guillermina 送上熱騰騰的吐司和瑪黛茶。

「好感動呀！沒想到我可以再跟你們一起喝瑪黛茶！」我立刻啜了一口。

「別急，我們從阿根廷帶來了很多瑪黛茶！」接著 Guillermina 把杯子傳給 Gonzalo，他啜了一口之後再傳給其他人，大家和從前一樣，輪流分享手中的瑪黛茶。

記得以前我們總愛聚在天台酒吧，興奮地討論著到國外追夢的可能，幻想著到達歐洲的美好前程。轉眼之間，我們真的在北半球重逢了！

＊　　＊　　＊

　　從雙層巴士下車後，我隔著來來往往的人潮，遠遠地就看見樂團成員們拿著啤酒站在街角的酒吧向我揮手。

　　「嗨！今天順利嗎？」

　　「不！順！利！」四個大男孩異口同聲地說。

　　「怎麼回事？」

　　「今天早上我們在唱片公司等了很久，還以為可以跟監製好好聊一下，沒想到他收下了 Demo 之後就去忙別的會議……接下來的訪問，原本記者打算刊登兩頁的專訪，可是雜誌主編突然說要改變方向，最後只剩下一小篇幅的文字。酒吧老闆也說暫時沒有適合的演出檔期……可是他人很好，這裡的啤酒都是他請的，妳想喝什麼呢？我去幫妳拿！」Gonzalo 的臉上掩蓋不了失落的表情。

　　「不用擔心啦！你們不是已經確定了好幾場酒吧的演出嗎？那已經很棒了！」我安慰地說。

　　「我們當然擔心！工作簽證就只有三個月，所以每分每秒對我們來說都很重要，必須在限期內找到願意幫我們發片的唱片公司才行！」Martin 說出了他的擔心。

　　「倫敦物價真的超級貴，我們需要更多的演出收入來維持生活，我不想再天天吃著只有夾起司的三明治了……」Pablo 也大吐苦水。

　　「妳也知道，我們不能夠換太多外幣出國，可在這裡匯率那麼低，如果使用信用卡還要多付 35% 的手續費。唉！所以我們借了很多錢出來……」Nit 透露了最大的隱憂。

　　「說真的，我一直以為拿著西班牙護照在這裡找工作會很容易，沒想到現實卻是這麼困難……」Guillermina 失去了來到倫敦之前的憧憬。

當地的音樂人才濟濟，國外樂團要在倫敦闖蕩成功確實不是容易的事，必須付出更多的努力。事實上，從前那些美好的憧憬，有可能是過分樂觀的想法。但我並沒有把這些話說出口，改變並非一朝一夕的事，我想要陪伴他們一起努力到最後。

　　於是我打起精神對他們精神喊話：「放心吧！從今天開始我會陪伴你們一起工作！只要大家全力以赴，一定會找到更多機會！不要放棄，也不用擔心！」

　　之後每個早上，我們八點起床在廚房喝過瑪黛茶之後，就開始馬不停蹄地工作。我們分頭撰寫郵件、聯絡媒體、設計宣傳海報、拜訪唱片公司，有時也會一起到街上分發傳單，為了夢想並肩作戰。這段日子過得並不輕鬆，有時也令我們感到不安；但我們在彼此身邊互相打氣，感覺一天比一天更接近夢想實現的那天。

BEYOND
the
BOUNDLESS
SKY
The
JOURNEY
of
MY HEART

143

循著微弱的光線，
總會找到發光的所在

　　「The Otherness」在倫敦的酒吧舞台上賣力地表演著，觀眾零零落落地站在高檯兩旁，有人拿著啤酒跟辣妹眉來眼去；有人在舞台前來回走動；也有人像我一樣全心投入，並且跟著搖滾節奏擺動身軀。

　　「Good Show！」當表演一結束，我馬上衝到舞台前方給予鼓勵。

　　「根本沒有人注意我們的演出……」Gonzalo 收拾著吉他的電線，沮喪地說。

　　「你想喝什麼？」我拍拍他的肩，示意他打起精神，他勉強回了我一個苦笑。

　　這時，酒吧響起耳熟能詳的歐美舞曲，而客人們也自顧自地拿著酒杯滿場說笑。

　　我明白那種得不到肯定的感覺和等待的煎熬有多難受，但也只能接受這個殘酷的現實。雖然夢想看似遙不可及，但眼前能抓住的只有這道微小的希望之光，期盼有一天它能匯聚成璀璨的光芒。

　　收拾好樂器，我們準備離開，沒料到推門後，有位大哥就站在門口，熱情地上前來和樂團成員們逐一握手。

　　「你們的音樂真的很棒！」

　　「謝謝你！」他們也回報阿根廷式的熱情擁抱。

　　接著，這位大哥遞上名片，說：「其實我是酒吧老闆，想邀請你們到我那邊演出……」

　　「真的嗎？在倫敦哪裡？」Gonzalo 不等他說完就搶著發問。

　　「不是在倫敦，是在利物浦、曼徹斯特，你們有興趣嗎？我還有朋友在謝菲爾德、沃靈頓那邊開酒吧，也認識那邊的電台及唱片公司，可以幫你們宣傳。」

　　四個大男孩聽了，臉上露出久違的笑容。

　　「這不是作夢吧？！」

　　「我們要去披頭四的家鄉了！」

　　「還有到奧脫福球場看曼聯！」

　　「太棒了！ Vamos ！」站在一旁的我，也忍不住眼眶泛淚。

　　「The Otherness」的這趟音樂跨國之旅，他們除了在倫敦，也跨足到曼徹斯特、利物浦、雪菲爾、沃靈頓等城市巡演，讓更多人認識這個來自阿根廷的獨立樂團。

　　世界這麼大，我相信總會有個地方存在著讓夢想的種子發芽的土壤，只要你願意起身出發，就一定能找到。

ngagée contre la Frusse...
rance perd toutes ses possessions au
...ada, en Louisiane et aux Indes.
...1766, cependant, à la mort de Stanislas
...eszczyński, la Lorraine est rattachée à
...a France, et, en 1768, Louis XV achète
...la Corse à la ville italienne de Gênes.

XVI, la fin
...ime.

FRANCE

The
JOURNEY
of
MY HEART

BEYOND
the
BOUNDLESS
SKY

法國
不
浪漫

放手
才是
真正
的
擁有

愛擺臭臉的法國人

很多人眼中的法國、聽到的法國，幾乎等同於「浪漫」。但如果真正和法國人交手過，就會徹底顛覆原有的想像。法國人時常將「不清楚！」、「不行！」、「不可能！」的字眼掛在嘴邊，在我還來不及聽懂他們的話之前，就已經領教到他們的傲慢。

到達巴黎之後，我因為手部肌腱炎發作，費了九牛二虎之力，才將行李從火車站月台拉到地鐵站售票處。沒想到，在這個人潮最多的繁忙時段，竟然只有一位售票員，而我前方約有二十幾個人一臉煩躁地等候著買票。

最糟糕的是，這個售票員不只動作非常緩慢，而且對客人沒有好臉色。他不僅和說法語的客人起衝突，遇到說英語的客人也因語言不通而暴走。我站在長長的隊伍之中，暗自祈禱能夠成功買到票，等了足足一個小時之後，終於輪到我。

「你好，我想買 1 至 4 區的月票，謝謝！」我用英語說。

「Non ！」

「1、2、3、4 區，一個月，謝謝！」我以為他聽不懂，又繼續一字一句地說。

「No ！」他皺起眉頭，態度相當不友善。於是我迅速攤開地鐵圖，圈出要去的站名，再打開手機的行事曆，指出想要的時間。

他還是一副臭臉地說：「Non ～ Non ！」

最後我只能無奈地轉身離去。

原本我以為這只是偶發事件，可後來發現，法國人總是板著一張臉，無論是靠在畫廊櫥窗前抽菸的性感法國妞、露天咖啡座裡送拿鐵的服務員、古董市場裡打橋牌的老夫妻、華麗歌劇院前維持秩序的保全大哥，看起來都是鬱鬱寡歡的模樣，沒有人主動向我微笑打招呼。

當我用法語在糕餅店裡戰戰兢兢地說著：「1 個……巧克力麵包，謝謝！」店員不耐煩地遞上東西；而當我在超市裡付完錢說：「1 個……

塑膠袋，謝謝！」同樣得到冷淡的對待。有次我想幫手機加值，店員聽不懂我的意思，於是硬著頭皮搭配誇張的手勢，店員仍然是兩手一攤，睥睨地看著我。

我一直認為出國旅行不一定要懂得當地的語言，巴黎卻是例外。巴黎人極度沒有耐心，也不會和不認識的人應酬，所以在這個冷漠的城市裡，指手畫腳自然失去了作用。

我心想，一定是我連最基本的法語都不會說，他們才會拒我於千里之外，因此立刻下載 App 來學習簡單的法語。當我自學到了一定程度之後，就到語言學校報名，結果被分派到 A2 班就讀。

然而，當我一走進課堂就大感不妙，因為老師講課的說話速度比股市報導還要快。

BEYOND
the
BOUNDLESS
SKY

The
JOURNEY
of
MY HEART

151

「qui 和 que 是關係代名詞，qui 代替主詞，que 代替受詞，qui 後面通常會接動詞，que 後面通常會接主詞。」

「老師……請你再解釋一次！」

「qui 和 que 是關係代名詞，qui 代替主詞，que 代替受詞，qui 後面通常會接動詞，que 後面通常會接主詞。」

「不好意思，我還是聽不懂……」

「下課後叫同學解釋給妳聽吧！」

「你不能再解釋一次嗎？」

「不行！這不是我的問題，是妳的問題！」

「當然是你的問題，你是老師就有義務教好學生，怎麼可以這樣敷衍我！」我用英語提出抗議。

「看！班上所有同學都明白，所以這完全是妳的問題。妳根本沒有能力上這個班，不要再浪費大家的時間，這樣對其他同學不公平。妳不用再當我的學生了，等一下我會叫校務處退錢給妳！」

此時透過同學的翻譯，我才知道自己被退學了。

雖然早就知道法國人抱持強烈的自我主義，凡事以自己為中心，很少顧及別人的感受。但令我意想不到的是，就連老師也是目中無人！不過這樣也好，至少我不用再花錢學法語了。

後來搬到南法之後，我為自己安排了一套密集的法語課程，每天最少花四個小時訓練聽、說、讀、寫的能力。每天早上起來我會先聽法國新聞，下午和當地念外文系的大學生進行語言交換，晚上翻閱法國歷史書，或是看齣法國電影。從法國大革命到紅白藍三部曲、奧朗德到瑪莉詠柯蒂亞、凡爾賽到馬賽、松露到馬卡龍……我 一點一滴地接觸到法國的真實面貌。我逐漸明白，從前對法國的浪漫遐想，不過是好萊塢愛情電影堆砌出來的假象。法國人高傲、冷漠、固執的民族性和優越感，都在書本裡、電影中一一呈現。

自從法國人民把法王路易十六送上斷頭台，就一直是「自由、平等、博愛」的先驅，對於遊行、示威、罷工習以為常，每個人也都懂得為自己的權益發聲。而且自古以來法國人對工藝、園藝、廚藝等各個領域的執著，也造就了他們在這方面登峰造極的成就，無人能及的優越感也跟著流傳下來。但由於長年謝絕外來文化的入侵，再加上教育方式，令學生們都害怕說英語。

至於法國人嘴裡常說「不」只是一種習慣，很多時候真的是有口無心。他們習慣將「好」說成「不是壞」，「聰明」說成「不笨」，而且每每遇到不懂的事情就毫不猶豫地說「不」。

並不是所有法國人都難以相處，至少我在南法的語言交換同學都很友善。他們大多是來自馬賽這個海邊城市，說話時像在歌唱似的手

舞足蹈，毫無保留地表現出真性情。雖然法國其他地區的人都認為馬賽人粗魯，不過我覺得總比冷酷無情好。

住在海邊的人們似乎也比較開朗，朋友 Xaxier 會開車載我沿著馬賽的蔚藍海岸兜風，當我們迎著海風呼吸海水鹹鹹的味道，感到無比的舒暢。後來他帶我來到停泊過千隻遊艇的舊港口漫步，然後在露天餐廳品嘗海鮮盛宴。

我一看到冰塊上琳瑯滿目的生猛海鮮非常興奮，迫不及待地點餐。可是服務員送上馬賽魚湯及海鮮拼盤之後，久久都沒有送上生蠔，看到他一直跑來跑去，也沒有機會叫住他。

後來我終於忍不住走到他的面前說：「我們已經等了半個小時，請你馬上給我們送生蠔！」

他卻毫無歉意地回道：「我先查一下。」然後慢條斯理地說：「我剛才沒有寫單子。」

「請快點送來！」

「不行！我要下班了。」

「什麼？生蠔還在冰塊上，你把它放在碟上給我們就可以了！」

「不行！最後的點餐時間已經過了。」

「你把生蠔送來再下班不行嗎？！」

服務員沒有再理會我，他把帳單送上後就轉身離去。我氣得轉身向 Xavier 抱怨，沒想到他竟然站在同胞那一邊。

「為什麼你們法國人總是那麼自私不客氣！」

「他要下班就讓他下班，不能佔據他的私人時間啊！」

「可我早早就點了生蠔！」

「那妳再早一點叫住他不就好了嗎？」

「你也看到，他一直忙不過來！」

「這是妳的問題，妳應該想辦法叫住他！現在他有自由下班去享受他的生活，我們誰也不能干涉任何人的自由啊！」

原來，法國的浪漫奔放，並不是巴黎鐵塔下的擁抱、普羅旺斯的薰衣草、波爾多的紅酒⋯⋯ 而是每個人都擁有權利為自己而活，無拘無束地享受屬於自己的人生！

巴黎夜未眠

　　一開始到巴黎時，我替藝術家朋友做網路宣傳工作。沒想到有一天突然手一接觸鍵盤就發麻，幾天後，打開電腦工作不到半個小時，整個肩頸都已僵硬，而且右手臂疼痛不堪。再過幾天，還沒寫完一封電子郵件，半身肌肉神經就已經慘叫連連。這樣一來當然無法繼續工作，只好和友人商量，改成幫她打理家務來換宿。

　　工作換宿的一個月期限很快過去，夏天也來臨了，朋友一家人準備到南法享受藍天碧海的假期。我為了定期看醫生必須留在巴黎，因此開始找新的住處。

　　這個浪漫之都到處都是美麗優雅的傳統歐陸建築，我也經常幻想自己住在法式公寓頂樓，推開白色大窗戶，手中拿著香濃的咖啡，觀賞外面的街景。事實是，巴黎除了租金昂貴，房子也很搶手，即使有固定薪水的人找房子，也要像參加面試一樣過五關斬六將，才能得到房東的青睞。而我這個看起來遊手好閒又沒有銀行帳戶的過客，根本不可能在短時間內租到房子。

　　依照邏輯判斷，有中國人的地方總有便宜貨，結果我如願在華人網站找到一間位於二十區、月租三百歐的小房間。租到這個房間時我非常興奮，因為裡頭有我朝思暮想的白色大窗戶，但沒料到一場噩夢才要開始……

　　第一天晚上，我在床上輾轉難眠至凌晨三點，還是聽見房東阿龍大聲播放著充滿中國特色的搖頭音樂，而他的女友可可和另一位房客小玲則在一旁放聲大笑。我和這幾位室友溝通過，他們還是繼續吵鬧不休。最慘的是之後的日子我完全無法入睡，因為有更大的災難發生了。

　　「看！我的手、腳、身體、背部全都發紅了！我肯定房間有床蝨！」奇癢難耐的我像是發了瘋一樣大喊。

　　「肯定沒有！這裡從來都沒人見過床蝨，也沒人被咬！」阿龍還沒檢查四周環境，就斬釘截鐵地說不可能。

BEYOND
the
BOUNDLESS
SKY
The
JOURNEY
of
MY HEART

159

「有些人被咬後沒有痕跡，可是有些人會像我一樣對床蝨過敏！我在旅館工作過，對床蝨非常了解，我還親眼見過有人被咬之後長滿水泡被送到醫院！床蝨比其他蟲更可怕，普通殺蟲劑殺不死，你還是趕快找專業滅蟲公司來清理吧！」

「妳應該是皮膚出疹，我勸妳還是趕快去看醫生吧！」

「對呀，這裡根本沒床蝨，說不定是妳帶過來的！」可可竟然反過來指控我。

「他們說得對，可能是妳自己身體有問題吧！」這時連小玲都異口同聲地附和。

我無言以對，只好暫時搬進隔壁房間跟小玲同居。小玲的正職是按摩師、兼職賣身，我對她的工作沒有反感，但每天晚上她總愛在洗澡後把衣服脫光光，然後糾纏我問一些無病呻吟的問題，讓我感到痛苦萬分。

「我很害怕、很寂寞，可以摟著妳睡嗎？」

「不可以！」

「妳想不想兼職？我帶妳去賺錢！跟男人吃喝玩樂就有錢拿！」

「不要！！」

「那妳要不要交個男友？我把妳的手機號碼傳給我的朋友！」

「不行！！！」

「噢，傳了……」

看來，這間位於巴黎市中心月租金才三百歐的房間，應證了「便宜沒好貨」的道理。

屋裡的牛鬼蛇神，對照屋外的優雅氛圍，我的白天和黑夜各有不同的風景。在這段無所事事的時間，我重複在巴黎二十區晃蕩，巴黎鐵塔、羅浮宮、凱旋門等觀光客必訪景點更去過無數次。

同時我內心開始感到一股巨大的壓力，擔心既是電腦傷殘、又有語言障礙，失去了工作能力，恐怕無法承受巴黎昂貴的生活開支。幸好巴黎的街頭藝術無所不在，給能量極低的我帶來力量。

我最愛的就是從龐畢度藝術中心廣場出發，穿過趴在地上畫巨型粉筆畫的藝術家、沿著色彩奪目的塗鴉，走進風格獨特的畫廊，看著塞納河岸書報攤的懷舊海報，聽著地鐵裡街頭藝人的演奏……我多麼渴望能夠像從前一樣，無拘無束地揮灑創意。

　　有一天，我又晃到了蒙馬特山頂，漫無目的地走到聚集畫家的小丘廣場，呆望著來來往往的觀光人潮。此時，一位頭戴紅色畫家帽、手抱古董手風琴的大叔向我迎面走來。

　　「最近常常見到妳，妳住在附近嗎？」

　　「不，沒想到你會注意到我。」

　　「每次妳總會聽我的演出啊！」

　　「因為我是個沒事幹的人吧。」我自嘲地說。

　　「怎麼可能？」

　　「我的手受傷了，又不懂法語，所以沒工作。」

　　「妳還好吧？妳本來是做什麼的呢？」

　　「我本來是個創作人，一向都是依賴電腦工作，但現在我不能夠再打電腦，舉手低頭就會痛。其實我真的非常恐懼，害怕永遠都不能再拍照、剪接影片、做設計，也不能繼續做 Traveling Artist……」

　　「年輕人，不能夠用電腦就別用電腦，我也不懂電腦啊！」

　　「可是我沒有電腦以外的專長！」

　　「那現在不就是最好的機會，去學習電腦以外的東西嗎？這也是學習法語的好機會！」

　　「熟練一個專業技術起碼要三年，會說一個新的語言最少要三個月，我已經很累了……」

　　「可妳三個月之後就多懂一個語言，三年之後更擁有一個專長，不是比從前更厲害嗎？妳總不能天天在這裡遊蕩，對吧？」他拍了拍我的肩膀，回到馬路邊，抱著古董手風琴，演奏復古的樂曲。

　　回家路上，我不斷地反問自己：「難道沒有電腦我就不可能再創作？不可能再工作？不可能實現夢想？」

答案是不，於是我鼓起勇氣，由零開始學習法語，學習用雙手十指剪剪貼貼，做出第一幅手工作品。

當我收拾好心情重新出發，家裡竟然來了一群不速之客。我在房門前猶豫了很久，勉強擠出笑容給自己打氣，然後勇敢地走進烏煙瘴氣的房間。

「其實我真的不介意你們開派對，但我已經好久沒有正常地睡覺了！」

「那妳也來抽一口吧！抽了就會很舒服，馬上可以睡！」有人拿出大麻，問我是否要抽一口。

「我需要正常的入睡，你們今晚可以早點結束嗎？」我好聲好氣地說。

這天晚上訪客們很合作，還沒有天亮就散場。不過他們卻沒有離開，而是在房間裡留宿。身邊有如打雷的打鼾聲令我無法忍受，只好抱著棉被逃到廁所裡的浴缸裡睡覺。後來的日子，這些訪客們更是得寸進尺，不論男女老幼都睡在我床上，佔領我僅剩不多的活動空間，還不斷挑戰我的忍耐極限。

「天啊！我正在拼貼的手工作品呢？！」

「剛才我們吃飯時，把桌上所有東西都收在抽屜裡！」

「慘啦慘啦，所有拼貼都亂了！」

這時我已經到了忍無可忍的地步，身體的嚴重不適，也讓我的內心瀕臨崩潰邊緣……每天都覺得很累，累到沒有力氣拿起碗筷、離開棉被，即使最後發現床蝨原來就是寄居在房東的床褥，我都沒有氣力提出抗議。

有一天我望著鏡子中那張蒼白如紙的臉，再也擠不出一絲笑容……終於，我忍不住對自己說：「Sio，妳快不行了！不要再硬撐了！回澳門看醫生好嗎？」

說完，淚如雨下。

我決定給自己最後一次機會，用僅存的力量跳上開往南法的火車，投奔在普羅旺斯念書的妹妹。

日安，南法

　　我在普羅旺斯的法式公寓裡醒來，推開歐陸風格的白色大窗，望著蔚藍的天空，露出了微笑。

　　「姐，昨晚睡得好嗎？」

　　「我已經好幾個月沒有像昨晚一樣睡得飽飽！」

　　「如果妳早跟我說妳在巴黎的情況，我一定會趕快把妳接過來！」

　　「我一直以為自己撐得住，等身體好轉後可以繼續我的旅程……」

　　「放心吧！現在妳可以安心休養，不久一定會康復的！」

　　南法的陽光溫暖和煦，小城的街道充滿寧靜的氛圍。每天早上我都會在樹蔭下的咖啡座喝一杯特濃咖啡，然後繞過噴泉，來到中心廣場的市集選購新鮮的食材，為自己準備健康的餐點。雖然這裡沒有醫師，但我知道睡得好、吃得好、搭配適量的運動，就是最好的復健。

　　每天下午我固定去游泳，然後跟語言交換的大學生來個咖啡小聚。這段時間，我就好像是一張白紙，重新學習說話、照顧自己。我完完全全地遠離了網路，不看社交網站的八卦，不跟任何人通訊，多了很多和自己相處的時間。我開始逐漸看清楚自己的軟弱與缺點，想清楚自己想要過什麼樣的人生，成為什麼樣的人。

　　人生並不是堅持到底就能一路向前，總有不得不停下來的時候。

　　在巴黎時，我不明白上天為何引領我來到這裡，卻又令我身心受苦？現在我終於明白，這是一個讓我重生的機會。原來，沒有鍵盤的世界並沒有想像中那麼可怕！

　　南法的陽光治療了我的憂鬱，我不再害怕跟不上最新科技，也不再擔心履歷表上的空白。而且最重要的是，我體會到，什麼是真正的快樂。

　　法國，謝謝妳，送給我人生中最寶貴的一堂課。

MALLORCA

The
JOURNEY
of
MY HEART

BEYOND
the
BOUNDLESS
SKY

愛在
地中海

12 APR 1985

當
愛情 走過

可不可以
只留下
祝福……

小島生活

　　拉丁哥是我在南法時透過 Hellotalk 認識的哥倫比亞人，我們語言交換了三個月之後相約在巴塞隆納碰面，並且一見鍾情；很快地，我就搬到他移居多年的馬略卡島生活。他跟我在南美認識的拉丁人一樣，有著令人難以抵擋的熱情、自由奔放的思想。我們的生活很快樂，但有時他的浪漫天性也讓我哭笑不得。

　　「寶貝，妳不愛我啦？我今天跟妳說了十幾句『我愛妳』，妳才回我一兩句……」

　　「因為你是拉丁人，我們華人可能一年也不說一句，我每天跟你講一兩次已經很多了！」

　　「不可能！這樣的世界太悲慘了！」

　　「拉丁人從開始說話那天起就不停地跟家人說『我愛你』，和女朋友交往還不到半天就迫不及待地說『我愛妳』，然後每個信息都加上『我愛妳』，這不是變得跟說『早安』、『晚安』差不多嗎？」

　　「你怎能這樣說？難道你媽媽不是自你出生開始就天天跟你說『我愛你』嗎？」

　　「當然不是！」

　　「你們實在太無情了！」

　　「親愛的，如果我久久跟她說一句，她應該會很開心。可如果我天天跟她說十幾句，她應該會以為我精神有問題！在我們的社會，只有在特殊情況下才會把『我愛你』說出口！」

　　我很在意拉丁哥的感受，當然不希望他傷心，於是開始從早到晚把「我愛你」掛在嘴邊。雖然拉丁人生性散漫，喜歡玩樂人生，但當他們認真做一件事的時候，往往教人傻眼。

　　「寶貝，妳朋友不是明天到嗎？妳怎麼還沒有打掃好呢？」拉丁哥皺著眉說。

　　「我已經收拾好了，你沒看到嗎？」

　　「這也太馬虎了吧？」

「到底有什麼問題呢？」

「床鋪還是亂七八糟的！」

「枕套、床單、被單都是剛洗好的，棉被也摺好了！」

「這不是拉丁人的待客之道！妳不是住過南美嗎？妳沒聽過拉丁人說『我的家就是你的家』這句名言嗎？當妳朋友來到我們家時看到床單跟被子平平整整地收著，才會住得開心！」

「親愛的，這是酒店鋪床的規格……」

我們都是一家人

在我與拉丁哥的生活裡，許多時候不單只有我們兩個人，還有一大群人，就是他的親友們。自從住在一起之後，我的生活也自然地跟他的哥哥嫂嫂、叔叔嬸嬸、表哥表嫂，表妹和她的男朋友，還有許多朋友連結在一起。

夏天的時候，拉丁哥的親友經常來我們家玩。當拉丁嫂們在烤爐前弄串燒，拉丁哥們就在游泳池裡玩水球，然後大家隨著拉丁舞曲的節奏一起扭腰擺臀，赤著腳跳莎莎舞。

當拉丁人嘻嘻哈哈地聚在一起，四周彷彿充滿了幸福快樂的能量。我被拉丁哥的大家庭成員包圍著，內心感覺到一股無與倫比的喜悅，煩惱也暫時拋到了九霄雲外。

「今年西班牙的失業率依舊節節高升，停留在 25% 左右，有數百萬人失業，貧困家庭也不斷增加。今天我跟攝影小組就來到馬德里附近的一個小鎮訪問 Rodríguez 這一家人。他們原本是四個人組成的溫馨家庭，可惜爸爸 Antonio 因為多次在超市裡偷竊食物而被判入獄……

「他在獄中還能夠維持溫飽，最慘是媽媽 Ana 帶三歲的小女兒 María、六個月大的小兒子 Juan 在飢餓中生活。他們已經兩個多月沒有錢交電費，沒有熱水洗澡，幸好現在是夏天……」我看著電視機裡播

報著西班牙經濟恐慌的報導，情況看起來相當不妙！幸好我們住在馬略卡島，它是位於西地中海，加泰隆尼亞巴利阿里群島的最大島嶼，經濟上有穩定發展的旅遊產業支持。

「汪汪汪！」身邊的狗兒歡天喜地叫著。

「Sai！不要汪了，我在專心看電視呢！」

「汪汪汪！」Sai 繼續興奮地吠個不停，還向著門口搖頭擺尾，原來是想要迎接牠的主人。我一踏出門口，牠就向前狂奔，拉丁哥的車子恰好駛進來。當他打開車門，Sai 迫不及待地跳上去，舔他的臉。

「寶貝，我回來了！」

「親愛的，我跟 Sai 都很想你喔！」

「今天妳跟 Sai 在家裡做了些什麼呢？」

「每天都是一樣啦，不是跟牠在草坪玩，就是一起看電視。親愛的，剛才我在電視上看到西班牙的經濟情況真的很差，許多人沒錢租房子，要流落街頭。對了，你今天工作順利嗎？」

「寶貝，其實……我也失業了……」

「什麼！?」我聽了猶如五雷轟頂。

「不用擔心，我們的生活不會有什麼改變的，未來幾個月還是可以靠失業金維生。現在我們可以有更多時間在一起，不是很好嗎？」

今朝有酒今朝醉，這就是天性樂觀的拉丁人的生活態度。

拉丁哥似乎覺得天塌下來都不是問題，因此失業後一點也不緊張，仍然如常地享受生活。每天早上起來，我會鑽進森林裡採集樹上的水果，然後跟拉丁哥一起在陽光底下吃頓豐富的早餐，再回到我們居住的小石屋，他忙著上網找工作，我則在一旁看電視。午飯過後，我會帶著 Sai 到隔壁的農莊跟綿羊打招呼，或是到村裡逛一逛，再回來準備晚餐。

每個星期拉丁哥都會抽一天時間帶著我駕車穿過曲折的山路，沿著濱海大道，來到首府市中心看中醫。之後我們會到超市採買未來一個星期所需要的食品和用品；回程再到歐陸典雅的露天廣場喝咖啡。

幾個月後拉丁哥還是沒有找到工作，開始愁眉苦臉起來。有天他甚至在超市裡收起了我準備要結帳的鮮魚、法國起司、西班牙火腿。

「親愛的，你為什麼走這條路，我們不是應該先喝杯咖啡再回家嗎？」

「寶貝，家裡也有咖啡，回去我弄給妳喝好不好？咖啡豆是我哥哥從哥倫比亞帶回來的！」

「難得出來，我不想這麼快回家啊！」

「妳知道嗎？很多人早就沒有外出喝咖啡的習慣！我的失業金在支付了房租和汽油之後已所剩無幾了！」

「那你可能要想想其他方法找工作了！」

「我已經很努力了，但還沒有收到任何回音！」

「那不如我也試著去找工作吧！」

「可妳的身體還是很虛弱呀！」

「如果是一個星期兩天的兼職工作，我應該可以應付。我也不想天天關在家裡，希望能夠再次接觸社會。」

「寶貝，妳說得對，我們還是喝杯咖啡再回家吧！」

馬略卡島是個被群山包圍的翠綠海島，有超過百個頂級海灘，吸引大量歐洲旅客在暑假期間前來度假，所以海灘附近的度假村、餐廳、酒吧的勞動需求也很大。雖然我的西班牙語說得還不是很好，但我會說英語、法語和中國語，心想應該不難找工作吧！

誰知到了暑假，這裡有大量歐洲學生前來打工，而且他們多半能夠流利地說出五、六種語言；相較之下，我也失去了競爭力。更何況，我也沒辦法獨自去上班，這個島實在很大，每個地方又相隔遙遠，如果沒有交通工具，寸步難行。

我們居住的 Valldemossa 是位於山上的中世紀小村莊，有不少遠古遺跡，而且家家戶戶的石屋門前都種了許多可愛的小盆栽，這股與世無爭的恬靜，吸引不少旅客前來，因此村內也有幾家餐廳、酒店、咖啡館招待他們。

　　有天我在一家精品酒店門前聽到經理說想要請人，立刻上前自我推薦，結果成功地獲得了在酒店工作的機會！

　　上班第一天，經理說：「Isa 和 Lorena 是你今天當班的同事，妳就跟著她們工作，首先是準備早餐，快去吧！」

　　「大家好，我叫 Sio，我來自……」

　　「好了，快進去吧！」

　　經理沒等我把話說完就把我推進了廚房。廚房裡有另外兩位同事正忙著打果汁、切菜、弄火腿。

　　「妳先把麵包放在籃子裡端出去，回來後把果汁倒在瓶裡，再把起司放在木板上！」

　　「知道了！」

　　「妳動作得快一點！像這樣，每款麵包放幾個就好！快點拿出去吧！」

　　於是我來來回回地進出廚房，把豐富的早餐送到大廳餐桌上，看著客人大快朵頤，心想自己也能吃個飽該多好，但沒多久 Isa 就粉碎了我的美夢……

　　「跟我來！我們先清潔酒店的廁所，然後是掃地、擦地板，再到每個房間裡換被單、倒垃圾……還站著幹嘛，快跟我來吧！」

　　我跟著她清掃一共清潔了三層樓的幾十個房間，一口氣忙到中午早已饑腸轆轆，忍不住開口。

　　「請問大家都什麼時候吃午餐？我今天沒有吃早餐，現在很餓了。」

　　「妳怎麼不吃早餐再來呢？」

　　「因為我以前工作的酒店都有提供早餐，我以為這裡也一樣。」

　　「我們這裡什麼餐也不提供，等一下妳不忙的時候就到廚房拿個麵包吃，記住只能吃白麵包，有餡料的麵包是留給客人的！妳先跟我清潔完玻璃窗再去吃吧！」

　　這份工作已經超越了我的體能極限，先別說要挨餓工作，還要不斷地彎著腰打掃清潔，我的腰痠痛不已。下班後我委屈地向拉丁哥哭訴：「親愛的，今天真的很辛苦，我從早上七點工作到下午四點竟然只吃了一個白麵包！明天我不想再去了！」

「寶貝，這可能是因為妳太久沒工作，所以不習慣。妳能夠找到村裡的工作是很難得的，明天我給妳弄個豐富的早餐吧！」

第二天早上，我帶著拉丁哥準備的兩大條德國香腸到酒店工作。可能前一天已經習慣了大部分工作內容，第二天感覺沒那麼吃力，只是 Lorena 這個工作狂同事，讓我很有壓力。

「妳怎麼又在喝水！喝這麼多水就得要上廁所，不是在浪費時間嗎?!」

我有點餓想吃兩口香腸時，又聽到用她高八度的聲音尖叫：「妳不是已經吃過早餐了？為什麼這麼快又餓了呢？」

我的身體還是很虛弱，容易口渴。我趁她不注意時偷偷摸摸地走進廚房，結果一拿起水杯就嚇到差點嗆到！

「難怪又找不到妳！妳知道嗎？我在忙的時候可以十二小時不喝水、不吃東西、不上廁所！」

的確，我跟著她一整天也沒見她吃過一個麵包、喝過一杯水，除了工作就是工作，可我真的沒有辦法像她一樣！

「親愛的，這家酒店的人都是傻子！所有員工都不餓、不渴，一直在工作！」

「寶貝，請妳不要再發牢騷了，西班牙最低工資是每月 € 645、每天 € 21、每小時 € 2.6，還得再扣收入稅！現在妳每個小時工資 € 6.5 是很好的價錢了！酒店員工那麼勤奮地工作，就是因為經濟環境太差，她們不能失去這份工作！妳到底明不明白現在西班牙的生活有多艱難！」

這時候的拉丁哥突然變得務實起來。令我生氣的是，為什麼他沒有體諒到我的身體狀況……

即使我能夠理解這個國家的苦況，卻無法像他們一樣感受到絕望。我的家鄉澳門是個幾乎沒有失業率的地方，隨時都可以跑到別的地方生活，還是有千千百百條通往未來的路在前方等著。當大環境沒有辦法給我選擇的機會時，唯一的選擇就是出去闖。現在許多西班牙人也開始離鄉背井到別的國家討生活，但我知道不是每個人都可以任性地

說走就走;而一旦留下來,就得接受現實,為五斗米折腰。

後來我想到一個謀生之道,就是在自家經營民宿。在旺季裡有不少旅客前來投宿,賺到還算不錯的收入,讓我們不用擔心跟西班牙近一千萬的貧窮人口一樣,在飢寒交迫中艱難地過生活。

只是,我的心裡開始升起想要離開的念頭。

我很喜歡拉丁哥,但在這個地中海小島,我無法找到可以醫治肩頸病痛的專科醫生,也沒有我可以勝任的工作;而且當冬天來臨時,我的身體只會更虛弱,到時候也不會有前來度假的旅客,不能再依賴民宿賺錢……我所有的積蓄都已花光光,拉丁哥又找不到工作,更不可能一直依賴親友們的幫助。

我決定在漫天風雪來臨之前,離開這個充滿歡樂的人間天堂。

「這是妳的登機證,時間已差不多,請盡快登機!」隨著地勤小姐的叮嚀,我不得不向拉丁哥道別:「我必須走了……」

「寶貝,我愛妳!」他依依不捨地擁著我不放。

「我……」

走進海關前,我再度回頭,看到拉丁哥紅著眼眶望著我,頓時心痛得說不出話來。

「等我找到工作、存到錢之後馬上就會去找妳!」

「我等你……」

「寶貝,我愛妳!」

「我也愛你……」

這個長達 800 多天的旅程,終於還是走到了終點。

雖然即將回到自己最熟悉的地方,但我很懷疑自己能否適應已經急速改變的大環境,所有人事物都將要重新來過。我已花光所有的積蓄,最後只剩下一箱行李,但我還是沒有後悔花了兩三年時間去遊歷半個地球,只後悔沒有早點出發。

　　我沒有忘記，當初出走就是為了重新開始。接下來，還有半個地球等著我。我相信這兩三年的經驗，日後無論走到哪裡、在哪裡生活，都會更容易找到適合自己走的路。

　　世界那麼大，仍有許多地方等待著我去探索。我無法預料自己何時會踏上下一個流浪的起點，也不知道未來的道路會是一個人踽踽獨行，或是有另一個人以愛相隨。但可以肯定的是，我還是會繼續向前，在人生的夢想地圖上尋找更多的可能性。

附錄——

六個月
學好外語
不是夢

LEARNING
LANGUAGE

學習外語的最好方法，
就是讓它成為
生活的一部分。

◯ 自學外語的方法

　　許多朋友得知我只花了六個月的時間在家學習，就學會了法文以及西班牙語，都感到十分好奇，我很想跟大家分享自己學語言的經驗，而這些方法也可以運用在學習其他外語上。

　　在這六個月當中，我每天至少花四個小時學習，分為前三個月、後三個月兩個階段。前三個月就是盡力吸收，之後三個月則是放膽交流。

　　開始學習外語的前三個月，你一定會覺得很困難、很累，因為你的腦袋要應付一項從未接觸過的任務。但是如果你天天練習，把新學的語言變成生活的一部分，後三個月的流程其實滿輕鬆的，因為你已經習慣了這個語言。

　　我雖然自學半年就能跟法國人和西班牙人溝通，但這並不代表我說得好或說得標準。我的目的是在最短時間內表達自己，以及跟他人交流，很多時候，不去管文法是否正確。所以如果你想要正式學好一種外語，我提供的方法不一定適合你喔。

前三個月

學習單字

　　從最常用的 100 個字開始,到最常用的名詞、動詞、形容詞,再延伸至不同領域的詞彙,例如餐飲、交通、家居生活等等。先別急著閱讀較少接觸的東西,比如說,關於服飾,會說衣服、褲子、鞋子就好,不用學會領帶、皮帶、內衣的說法…… 在這段期間最重要的是盡量吸收不同領域的單字,因為要有足夠的單字量才能夠講出不同的句子,最好能夠每天學會 10 個生字,絕對不要偷懶。

　　一般來說,認識大約 2500 個單字才可涵蓋日常生活的用語,單是認識 1500 個字還是會有溝通上的困難。但當你有了常用的詞彙的同時,就有能力通過不同的文字搭配及聯想,把原本不知道怎麼說的東西形容出來 。例如我不懂「牛」這個字的西班牙語怎麼說,就說「豬的朋友」;不會說「失落」,就改成說「不開心」,重點是不間斷地學習。

學習文法

　　這個階段只須學習過去、現在、未來式的造句,以及常用動詞變化。其他時態當然也可以學,但若記不住也不要緊,因為當你跟別人溝通時,可以直接說出事情發生的時間,就能讓對方清楚明白。

| 好物推薦 |

　　Cognitecco 推出了多個給初學者學習文法的 App,內容簡明易懂,教授英文、 法文、德文、義大利文、西班牙文等多個語言,完全版需付費。

　　www.cognitecco.com

善用 Podcast / YouTube / iPhone App

　　無論是 iTunes Podcast / YouTube / iPhone App，都有很多為初學者設計的課程。我自己前三個月就是跟著 iTunes Podcast 和 iPhone App 學習，有了基礎才改用其他方法。

　　其中一個最受歡迎的法文及西班牙文 Podcast 是 Radio Lingua 出品的 Coffee Break 系列。雖然它們也有提供德語和義大利語課程，但法文和西班牙文已推出多年，內容豐富，適合初、中、高級者。相信我，只要每天收聽它們的節目，很快就可以說出基本會話。而且每集重複聽，效果更佳。

Radio Lingua – www.radiolingua.com

Coffee Break Spanish – www.radiolingua.com/coffeebreakspanish

Coffe Break French – www.radiolingua.com/coffeebreakfrench

　　以下推薦 App 的完整版全部需要付費，但價錢合理，值得利用：

| Babbel |

　　這個 App 是我的首選，我會在學習外語初期訂閱三個月。它有教授多國語言，包括英文、德文、法文、西班牙文、義大利文、葡萄牙文、瑞典文、土耳其文、荷蘭文、波蘭文、印度尼西亞文、挪威文、丹麥文、俄文。適合初級至中級的學習者，課程全面，包括聽、寫、讀的練習，字庫量齊全，但沒有中文教學介面，有穩固英文基礎者，才能使用英文教學介面。

www.babbel.com

| Busuu |

　　跟 Babbel 形式相同，有中文教學介面，也有教授多國語言，包括英文、德文、法文、義大利文、西班牙文、葡萄牙文、土耳其文、波蘭文、俄文、阿拉伯文、中文、日文。

www.busuu.com

| Habla Español (by By Scala Group s.p.a.) |

　　專門教授西班牙文，初級至高級的程度都有。每個級別的課程是一連二十多集的影片，包括有趣的生活劇，以及真人教師教文法；除此之外，還有旁白翻譯及多個練習。

| 7 Learn French with 7 jours sur la planète (by TV5MONDE) |

　　這是法國電視台 TV5MONDE 所推出的，專門教授法文，適合中級至高級的程度，每個星期更新 3 個有關時事的影片，並附有旁白翻譯及多個練習。

後三個月

訓練聽力

看影片是有效提升外語能力的好方法。如果你前三個月的根基打得好，這個時候看外語影片是不會頭痛的，因為你的腦袋已經適應了這個新的語言。

我每天最少看 1-2 小時的影片，這個影片一定要有該國語言的字幕。每天早上我都會固定收看 EuroNews，它除了有歐洲各國不同語言版本，還附有旁白翻譯，非常實用。

yabla.com 是我非常推薦的網站，裡面有西班牙文、法文、德文、意大利文、中文、英文的字幕影片。最重要是，它們的影片包括了不同國家地區的發音，還有文法、字典等多種實用功能。如果你是天天看，我建議付費訂閱 3-6 個月就好，之後可以看沒有字幕的。

如果想找免費的，中國有些影視 App 提供的電影、電視都有搭配字幕。如果是沒字幕的，可找電視台 App，除了觀賞不同的節目，也能了解當地文化。我學西班牙文是看 Mitele.es，學法文時是看 Arte.tv。

訓練口語能力

如果大家根據我的建議在前三個月每天學習 10 個生字,那麼三個月後大概已經學會將近 1000 個單字,再加上了解過去、現在、未來式的基本文法,就可以開口跟外國人交談了。

跟外國人做口語交流的手機 App 首推 HelloTalk,可這個 APP 有時間、地域上的問題,最好還是找真人演練。

我在阿根廷、法國的時候,每星期最少有三天的時間會找個當地人喝咖啡,做語言交換。每次大概兩個小時,我教對方英文或中文,他教我西班牙文或法文,每種語言輪流說十五分鐘。

最容易找到語言交換對象的場所當然是大學,因為有來自世界各地的交換學生,另外也可以考慮到外國人商會等團體張貼公告。即使這些外國人已有當地朋友,並不代表他的朋友有耐心教他們語言,所以只要願意成為他的私人中文或英文老師,他們還是會樂意跟我做語言交換。

曾經有位名人說過:「學會一個語言,就活過一個世界」,這是千真萬確的事。學會一個新的語言之後,我也愛看那個語言所寫的歷史書。用當地人的邏輯思維去重新認識這個國家之後,更明白這個國家為何會有那樣的過去,以及人民如何塑造出現在的民族性格。

語言是一種習慣,人們之所以認為外語難學,大多是因為前三個月沒有好好地認識它。其實學習任何事情都一樣,如果天天進行,持續三個月就可以慢慢適應,持續三年就會變成專業。學外語沒有捷徑,要經常聽、看、說,並且堅持這個習慣下去。

國家圖書館出版品預行編目資料

心的自由就是海闊天空 / Sio 著.
-- 初版. -- 臺北市：平裝本，2016.12
面；公分. -- (平裝本叢書；第 447 種)
(icon；43)
ISBN 978-986-93793-2-8 (平裝)

719   105021674

平裝本叢書第 447 種
icon 43

心的自由就是海闊天空

作　　者—Sio
發 行 人—平雲
出版發行—平裝本出版有限公司
　　　　　台北市敦化北路 120 巷 50 號
　　　　　電話◎ 02-2716-8888
　　　　　郵撥帳號◎ 18999606 號
　　　　　皇冠出版社 (香港) 有限公司
　　　　　香港上環文咸東街 50 號寶恒商業中心
　　　　　23 樓 2301-3 室
　　　　　電話◎ 2529-1778　傳真◎ 2527-0904
總 編 輯—龔橞甄
責任編輯—平　靜
美術設計—王瓊瑤
著作完成日期— 2016 年
初版一刷日期— 2016 年 12 月
初版二刷日期— 2017 年 5 月
法律顧問—王惠光律師
有著作權 · 翻印必究
如有破損或裝訂錯誤，請寄回本社更換
讀者服務傳真專線◎ 02-27150507
電腦編號◎ 417043
ISBN ◎ 978-986-93793-2-8
Printed in Taiwan
本書定價◎新台幣 350 元 / 港幣 117 元

● 皇冠讀樂網：www.crown.com.tw
● 皇冠Facebook：www.facebook.com/crownbook
● 小王子的編輯夢：crownbook.pixnet.net/blog

BEYOND
the
BOUNDLESS
SKY
The
JOURNEY
of
MY HEART